音楽理論と文法理論

Correlation Between the Mechanisms of Music Theory and Linguistic Theory

理論言語学者
畠山雄二
Yuji Hatakeyama

開拓社

まえがき

私は大学入試に一度失敗している。つまり浪人している。家庭の事情などいろいろあり、予備校に通うことも許されず、あと自分のペースで何事もやりたいという性格もあって、私は宅浪を選んだ。いや、他に選択肢がなかった。だからというわけじゃないが、宅浪時代、私はそこそこ病んでいた。つまりそれなりにメンタルをやられていた。

メンタルがやられていたことに加え、もともと形而上学的なことに興味があったこともあり、「心って何なんだろう」「精神って形而下のレベルで分析できるのだろうか」「思考とか感情ってそもそも何からできているのだろう」と考えることが自然と増えていった。そして、その答えを求めるべく、貪るように本を読むようになった。宅浪といっても市民図書館に通い詰めていたこともあり、受験勉強そっちのけで本を片っ端から読み漁っていった。そうでもしないと心が落ち着かなかったというのもある。宅浪時代、私にとって読書は、まさに、精神安定剤そのものだった。

当時はニューアカデミズムといった現代思想が台頭していたこともあり、左翼系の書物にもジャンジャン手を出した。マル経（マルクス経済学）はもちろんのこと近経（近代経済学）にも手を出し、学生の頃はどっぷりと左巻き状態であった。が、その後、理転したり文転するのと並行して右巻きになったりまた左巻きになったりもしている。

本から得られる知識では物足りず、経済学部の学生でもないのに経済学部の授業にばかり出ていた。さらに、もともと粘着質な性格もあり、とにかく「感情なり思考が存在するとはいったい何が何をどうしていることなのか」という問いに拘泥していたこともあり、哲学科の学生でもないのに卒業論文は現象論で書いた。

20代の私は、「ヒトをヒトたらしめているものはいったい何なのか」の問いに答えるべく、ありとあらゆる分野の学問をネットサーフィンならぬ学問サーフィンしていた。その結果、私は、学部と修士と博士の学位がぜんぶ異なるということになった。10代から今日まで、文転したり理転したり、そしてまた文転したりと、文字通りローリングストーンズ状態であった。そのおかげか、広くそこそこ深くではあるが、どの学問分野もだいたいわかるようになった。

文系と理系を何度も行き来し、そしてわかったのは、とりあえず言語さえやっていれば文系と理系のどちらにも行き来できるかな……ということである。ヒトの認知能力の最高峰、それが言語である。そんな言語を突き詰めていけばいつかはヒトの本質に迫れるはずだ……と思っていた。つまり、いつかは「ヒトをヒトたらしめているものはいったい何なのか」という問いに答えられるはずだ……と思っていた。言語に馳せる思いというか期待は今も変わらないが、でも、ここ 20 年ほど言語からあるものに浮気しつつある。

浮気相手というか不倫相手は音楽である。

私は音楽バカでありギターおたくである。音楽については口うるさい。おそらく、いや 120%、私の専門の理論言語学より音楽に関する知識の方がはるかに上である。その意味では、私の専門はどちらかというと音楽である。それを裏付けるというわけではないが、これまで、NHK で洋楽の番組をもったことがあるし、出講先の大学では音楽の授業もしているし、海外アーティストにまつわる本も書いている。また、バーやライブハウスで演奏することもある。だから何なんだと……

さて、そんな音楽バカというかギターおたくの私であるが、音楽理論を勉強していて思うことがある。文法理論より音楽理論の方が文系と理系を（さらには経験科学と形式科学を）うまく橋渡しでき、しかも音楽理論を極めたほうが「ヒトをヒトたらしめているものはいったい何なのか」の問いに確実に迫れるのではないかと。

音楽理論を勉強しながら文法理論を遠巻きに眺めていると、言語のからくりの本質が薄らぼんやりと見えてくる。そして、文法理論を研究しながら音楽理論を至近距離で凝視していると、音楽のからくりの本質がわかってくるような気がする。それもこれも、音楽理論と文法理論には、異なっているところがもちろんあるが、それ以上に似ていると思われるところがあちらこちらにあるからだ。

本書ではこの「似ていると思われるところ」をできる限りわかりやすく紹介していこうと思う。ただ、読者のほとんどが音楽理論はもとより文法理論にも精通していないと思う。そこで、音楽理論ビギナーの方ならびに文法理論ビギナーの方にもわかるように、本書で紹介する内容もかなり厳選したいと思う。そのため、音楽理論と文法理論の間には「似ていると思われるところがあちらこちらにある」が、その「あちらこちら」もかなり厳選するつもりである。そのあたり、ひとつ、ご了承ならびにご理解いただければと思う。

本書では、また、五線譜と音符をいっさい使わないで説明したいと思う。なぜならば、五線譜アレルギーや音符アレルギーの方が少なからずいるからだ。その代わり、本書では、CDEFGABC（ドレミファソラシド）というアルファベットとM3（メジャーサード：長3度）やm3（マイナーサード：短3度）やP5（パーフェクトフィフス：完全5度）といった「アルファベット＋数字」の記号のようなものを使っていく。というのも、本書で必要となってくる音楽に関する知識は、(i) コードを構成する音（CDEFGABC）と (ii) コードを構成する音と音の距離（M3やm3やP5など）にほとんど限られるからだ。

文法理論は、基本、言語の構造をもとに、なぜダメな文はダメでいい文はいい文なのかを理路整然と説明する。ある意味、文法理論は、文を読み書きするその規則を体系的に示したものといえる。文法理論と同様に、音楽理論もまた、音楽の構造をもとに、なぜモヤモヤしたコード進行はモヤモヤして、イケてる感じのコード進行はイケているのかを、文法理論と同様に、理路整然と説明する。音楽理論は、ある意味、文法理論と同様に、楽譜を読み書きするその規則を体系的に示したものといえる。

音楽理論と文法理論は、そのねらいといい、音楽と言語に対するアプローチといい、かなり似ている。そこで、本書では、私の（偏見なしの）独断で「音楽理論と文法理論ってここが似ているよね。そんなことない？」といった感じで音楽の仕組みと言語の仕組みの相関性について触れていきたいと思う。

私の説明に対して「その説明ってなんかこじつけっぽいな……」と思われるところが多々あるかと思う。そう思われたら、おそらく、その感想は正しい。でも、その力づくのこじつけから、読者の誰かが、まだ誰も知らない音楽と言語の本質を見つけてくれるのでは……と期待している。そのような期待を私に抱かせてもらいたいし、読者に、ぜひ、そういった期待を寄せたいとも思っている。

本書をお読みになられ、読者の皆さんには、ぜひ、言語の本質と音楽の本質を、さらには、言語と音楽の知られざる関係を見つけてもらいたいと思っている。本書がその足がかりとなればこれ幸いである。

畠山　雄二

目　次

1 言語学を音楽学に近づけ、音楽学を言語学に近づける

1.1 アナロジー思考で言語学と音楽学にアプローチ

脱構造主義：クリアーカットからグラデーションへ

学問の世界には、かつて、構造主義といったものがあった。言語学の分野だとソシュールという人が、そして文化人類学の分野だとレヴィ・ストロースといった人が活躍していた。彼らをはじめ、構造主義者の人たちはみな、二項対立という概念を使って私たちの認知能力や認知活動を、さらには社会を、あれやこれやと分析していた。物事は、ようするに＋と－、あるいは0と1、はたまた ON と OFF といったもので分析できると考えられていたのだ。対立する2つの項で分類できないものは基本的にない、と考えられていたのである。

構造主義は過去の遺物となり、今日では、森羅万象を二項対立を使って分析している人はほとんどいない。なぜならば、世の中のモノやコト、そして自然現象は「白か黒か」で分類できるほど単純ではないことがわかってきたからだ。つまり、世界は白寄りの黒もあれば、黒寄りの白もあり、さらには白寄りのグレーもあれば黒寄りのグレーもあることがわかってきたからだ。この世にあるものは、どれも、クリアーカットできるほど単純ではないのだ。

この世で起きていることにはもれなく人間が関わっている。人間が関与していない世の中の出来事というものはない。さて、その人間であるが、人も「男と女」といった二項対立で分類できるものではない。男寄りの女の人もいれば、女寄りの男の人もいるし、男にも女にもカテゴライズされたくない人もいる。人間の性は「男と女」といった二項対立できるものではないのだ。LGBTQ のカテゴリーに入る人もいるということだ。男にも女性ホルモンのエストロゲンがあり、女にも男性ホルモンのテストステロンがある。男の中にも女の部分があり、女の中にも男の部分がある。世の中の出来事はもとより、性別もまた、グラデーショナルなものなのである。世の中のモノやコトは、どれも、グラデーショナルなのである。

文系と理系、文系的な理系、そして理系的な文系

この世で起きているコトやこの世を構成しているモノはすべてグラデーショナルであることがわかったが、今度は、学問の世界に目を向けてみたい。日本には「文系・理系」といったことばがある。「わび」や「さび」と同じで日本特有のことばといえよう。では、文系の学問といったらどんな学問がイメージできるだろうか。そして、理系の学問といったらどんな学問がイメージできるだろうか。はっきりとイメージできるものからそうでないものまでいろいろある。どちらに入るかビミョーなものとしては心理学や経済学があるかもしれない。学部的には、この２つの学問は日本では文系の学部に入る。しかし、どちらの学問も、今では、統計学や数学の基礎的な知識なくしては学位の取得はもとより、授業で単位をとることすらもままならないであろう。その意味では、心理学と経済学は理系的ともいえる。

なるほど、心理学や経済学は文系に入れるべきか理系に入れるべきかで迷う学問といえる。では、言語学はどうだろうか……　言語学にもいろいろあるが、理論言語学といった学問だと、「理論」ということばがついていることからもわかるように、この学問は言語をモデル化するのをそのねらいとしている。モデルをつくっているところというと、相場では、理学部になる。理学部は理系の学部である。となると、理論言語学は分類的には理系となる。が、ことばを扱っているからということで、理論言語学は、一般的には、文系の学問として位置づけられている。理論言語学も、どうやら、心理学や経済学と同じような扱いになりそうだ。

コラム

工学部と理学部、そして科学技術

理系というと、ふつうの人は、おそらく、学部的には工学部をイメージするのではないだろうか。そして、ふつうの人は、理系といったら、科学すなわちサイエンスをやっているところをイメージするのではないないだろうか。この２つのイメージから、ふつうの人は、科学というのは工学部で行われているものだと思っているかと思う。でも、実は、工学部では科学は行われていない。では、工学部では何が行われているのかというと、

技術すなわちテクノロジーである。
　科学すなわちサイエンスはどこで行われているのだろうか。それは理学部である。日本語に「科学技術」ということばがあるが、「科学技術」の前半部分は、おもに、理学部で行われていて、後半部分は、おもに、工学部で行われているのだ。というのも、科学すなわちサイエンスは理学マターであり、技術すなわちテクノロジーは工学マターであるからだ。
　世の中を劇的に変えるブレイクスルー的な発明は、まさに、「科学技術」の科学と技術がうまく融合したときに起きる。ちなみに、サイエンスをやっている理学部では発見を生業としているのに対し、テクノロジーをやっている工学部では発明を生業としている。発見と発明は似て非なるもので、発見はすでにあるものを見つけることであるのに対し、発明はないものをつくり出すことである。

ヒトの言語と動物のゲンゴ

　言語学は、理論言語学もそうだが、文法を扱う。文法すなわちことばの規則を扱っていない言語学は存在しない。言語学なら、どんなものであれ、程度の差こそあれ、文法を扱っている。でも、文法を扱っている学問は言語学に限らない。他にどんな学問が文法を扱っているのだろうか。
　人間と動物を区別するリトマス試験紙として、これまでいろんなものが考えられてきた。家族を形成するかどうかとか、火や道具を扱えるかどうかとか、二足歩行ができるかどうかとか、はたまた、生殖以外の目的で性行為をするかどうかとか……　でも、これらの基準は、どれも、使えないということがわかってきている。では、人間と動物を区別する決め手となるものはないのだろうか。
　ヒトのみがもっているものとして、私見では、言語がある。この後あきらかになるように、もう１つあるが……　人間以外の動物にもコミュニケーションツールとしてのゲンゴはある。でも、ヒトがもつような文法システムはもっていない。つまり、動物のゲンゴとヒトの言語は似て非なるものである。悪魔の証明と同じで「ない」ことは証明できない。よって、動物に言語システムがないことは証明できない。でも、好意的に見ても、ヒトの言語システムに類するものは動物にはない。動物のゲンゴのシステムとヒトの言語のシステムではあまりにもスペックが違いすぎる。30年前のコンピュータのスペックと今のコンピュータのスペックほどの違いがある。OS（オペレーションシステム）がまったく違うといってもいいかもしれない。

ニワトリと卵、そして言語と文法

ヒトにしかない言語、この言語にはシステム（というかアルゴリズム）があり、そのシステムを明示化したものが他ならぬ文法である。文法は後付けであることは否めない。そうであるがゆえに、ヒトの言語システムはいかようにも描くことができる。理論言語学の学派の数だけ文法があるともいえる。実際、理論言語学の1つである生成文法にしても、認知言語学にしても、さらには機能文法にしても形式意味論にしても、それぞれの学派が描く文法の姿は異なる。描く絵は異なるが文法は確実にある。100％ある。文法（というか言語システム）がないと私たちヒトはそもそも言語をもちえないからだ。この文法があるからこそ、ヒトはゲンゴではなく言語を手にすることができ、さらにはそれを器用に使うことができるのである。

言語と文法は、これらのことからわかるように、鶏と卵の関係にあるといえる。文法は言語にとって後付けであるとともに前付けでもある。言語があるから文法があるといえ、文法があるから言語があるともいえる。そして、その文法が、言語が、ヒトをヒトたらしめているのである。

ヒトは文法的な生き物

後付けであれ前付けであれ、文法をもつ言語であるが、これと同じようなストーリーを音楽でも描くことができる。すなわち、音楽にも文法を見出すことができ、その音楽の文法こそが、言語の文法と同様に、ヒトをヒトたらしめているともいえるのである。音楽の文法、それがいわゆる楽典というものであるが、この楽典にはありとあらゆる音楽のルールが書かれている。そして、ミュージシャンなどは、このルールに基づいて楽譜を読んで楽譜を書いたりしている。実は、私たちが、日本語であれ英語であれ、文章を書いたり読んだりしているときも同じようなことをしているのである。私たちは、意識してやっているにせよ、そうでないにせよ、文法に基づいて文章を読み、そして文章を書いているのである。

音楽も、言語と同じように、文法をもっている。このように音楽と言語は似たところがあるが、もっと似たところがある。それは、ヒトのみが言語を操ることができ、そしてそれを楽しんでいるが、同じように、ヒトのみが音楽を操ることができ、そしてそれを楽しんでいるのである。ヒトをヒトたらしめているもの、それは言語と音楽であるといえるのである。しかも、ヒトを他の動物から区別する言語と音楽には、ともに、文法があるのだ。ヒトは文法的な生き物であり、その文法を、後付けであれ前付けであれ、言語と音楽の両方に見出すことができるのである。

アナロジーで探る言語と音楽の類似点

文法を扱っている学問として、言語学の他に、音楽学がある。言語学が文系と理系を橋渡ししているように、音楽学もまた文系と理系を橋渡ししている。言語学と音楽学は、もしかしたら、学問の本質を突いているかもしれない。そして、学問の王道であるともいえるかもしれない。なんといっても、言語学と音楽学は文系と理系のインタフェイスにあり、言語学と音楽学は、まさに、文系と理系のハイブリッド学問であるからだ。

私は飽き性であるけど嵌り性でもある。集中力は長く続かない。でも、ひとたび集中すると周りが見えなくなる。そんな性格が功を奏してか、これまで私は文転と理転を繰り返し、節操もなくいろんな学問を渡り歩いてきた。そのためか、ある学問を別の学問の視点から眺めるクセがつくようになった。というか、そのクセが抜けなくなり、今ではそのようにしか学問を観ることができなくなっている。つまり、アナロジーでしか物事を観ることができなくなっている。

アナロジー的な物の見方にはいい点と悪い点がある。まず悪い点であるが、アナロジーという色眼鏡を通して見てしまうことで、少なくない頻度で、間違った解釈をしてしまうことがあるということだ。一方、いい点はというと、新しい発見やクリエイティブな物の見方ができるということだ。このように、アナロジー的な物の見方は諸刃の剣であり、使い方次第で毒にも薬にもなる。

毒の部分があるからといってアナロジー的な物の見方を放棄するのはもったいない。リスクマネジメントは常に考えないといけないが、でも、あえてリスクを承知した上でアナロジー思考をする方がいい。アナロジー的な物の見方をした方が利することが大きいからだ。しかもその「利」は大きい。アナロジー思考をすることによって手にできる「新しい発見」と「クリエイティブな物の見方」、これらは大きすぎる「利」である。

アナロジーで見つける似た「構造」

原子の構造が太陽系のアナロジーから発見されたことはよく知られている。アナロジーは、このように、パラダイムシフトを引き起こすほどの大きな発見をもたらしてくれる。アナロジーから得られる「利」は文字通り計り知れない。この大きすぎる「利」をもたらしてくれるアナロジーであるが、その訳の「類推」からわかるように、**類**似点を手がかりに**推**論する思考法のことである。では、ここでいう「類似点」とは何であろうか。それが広い意味での「構造」である。因果関係や議論の展開の仕方、さらには目的と手段の関係など、そういったものも「構造」としてカウントできる。このような広い意味での「構造」を別分野のものに見出すことにより、そこからパラダイムシフトにつながるようなヒントを見つけ出すことができる。アナロジーを使わない選択肢はない。

言語に見られる「構造」と似たものがないか音楽にも探ってみる。同じように、音楽に見られる「構造」と似たものがないか言語に探ってみる。そして、言語と音楽の間に見られる類似点から何か面白いことがいえないか考えてみる。考えたところで「たんに似ているだけだよね」「似ているといってもたんなるこじつけだよね」「面白いっていっても面白いだけだよね」というだけで終わってしまうかもしれない。その可能性は大きい。でも、本書を読んだ人のうち、たった１人でも、その類似点から、言語学と音楽学のパラダイムを、さらには認知科学のパラダイムを、劇的にシフトさせてくれる人が出てこないとも限らない。そのようなブレイクスルーを起こしてくれる人が１人でも出てきてくれるのを期待して、このあとに続く章では、アナロジー思考で文法理論の「構造」と音楽理論の「構造」の類似点を探っていく。そして、ヒトをヒトたらしめている言語の文法と音楽の文法から、ヒトをヒトたらしめている「何か」を探り出していきたいと思う。

1.2 「音」がとりなす音響学と音楽学

定量化不在の言語学

言語には文法がある。つまり、言語には語と語をつなげる規則がある。この規則すなわち文法を扱う分野を統語論とよぶ。言語学には、語の並び方を扱う分野だけでなく、文の意味を扱う分野もある。これを意味論という。また、単語の仕組みを扱う分野もあり、これを形態論とよぶ。他にも、文と文のつながりを扱う語用論といったものもある。

統語論と意味論、そして形態論と語用論は、そんなに理系色が強くない。なぜならば、これらの分野では、基本、数値が出てこないからだ。「理系といえば数値」という印象はあながち間違いではない。いや、概ね正しい。というのも、定量化されたデータを使うことでしかデータを客観的に評価することはできないからだ。そして、そのようなデータを使うことでしか共通のことば（つまり数値）を使って語り合うことができないからだ。

なるほど、言語学の４つの分野である統語論と意味論、そして形態論と語用論は理系チックでない。そして、その理由が、データを定量的に評価できないことにあることはわかった。では、数値化されたデータでことばを分析している分野が言語学にはないのであろうか。

音韻論から音声学へ、そして音響学へ

言語学には音声の規則性を扱う分野がある。音韻論というものだ。語と語の結びつきを扱うのが統語論であるのに対し、語の内部の音の結びつきを扱うのが音韻論である。さしずめ、音韻論とは統語論の音声版といえる。音韻論では、統語論と同様に、データが数値化されることはあまりない。その点でも音韻論は統語論と似ている。

音韻論をちょっと理系ぽくさせたものに音声学というものがある。音声学では、音声が発音記号といったもので書き表され、その発音記号に基づいてヒトの声の仕組みが解明されている。「さんかい（３回）」と「さんだい（３台）」と「さんばい（３倍）」の「さ」の次に現れている「ん」の音は同じではない。発音記号という記号でその違いを明確にしているのがまさに音声学なのである。このように、音声を記号化してメタレベルでヒトの音を分析している学問、それ

が音声学である。

音声を発音記号で書き直し、さらにその発音記号を波形で書き直すと音声学は音響学になる。音響学はもはや言語学ではない。工学である。音響学では音声が物理量として定量的に評価される。そのため、音響学では、完全に理系的なアプローチで音声に迫ることができる。

波がとりもつ音響学と音楽学の仲

音楽は、読んで字の如く、音を楽しむことである。DTM（デスクトップミュージック）などをやっている人ならわかるように、音は波形で表すことができる。というのも、音はそもそも波であるからだ。ちなみに波は、波を伝えるものがないと生じえない。私たちが音声言語でコミュニケーションがとれるのは、しゃべる人と聞く人の間に空気があるからだ。この空気を伝わって口から出た音が誰かの耳に届くのである。その逆も真なりで、宇宙空間ではいくらしゃべっても声というか音は伝わらない。音を伝える物質（たとえば空気）がないからだ。言わずもがな、宇宙空間でどんなにエレキを爆音でかき鳴らしても音はしない。音を伝える物質（たとえば空気）がないからだ。

ギターをチューニングするのに私は音叉を使う。U 字型の音叉の下の部分を手に持って U 字部分を膝にコツンとぶつける。そうするとプーンという音がする。この「プーン」の音にギターのラの音を合わせる。このようにしてギターの弦を１本１本チューニングしていく。

音叉の「プーン」という音がラの音だとわかったところで、では、「ラ」の音とはいったい何なのであろうか。音叉の取っ手部分に A＝440Hz と刻印がされている。これは「A の音を 440Hz とする」という意味である。１秒間に１回空気が振れることを１ヘルツ（Hz）という。よって、440Hz とは１秒間に 440 回空気が振れることをいう。１秒間に 440 回空気が振動した時に感じる音、それを A の音というのである。１秒間に 440 回空気が振動し、その振動が鼓膜に伝わり、最終的に脳で認識された音、それが A の音（つまり「ラ」）なのである。

音響学も音楽学も「音」を波形で捉え、周波数という数値で「音」を定量的に評価する。音声の「音」も音楽の「音」も同じ物理量として扱うことができるのだ。言語も音楽も「音」のレベルだと同じようなアプローチで切り込むことができるのである。では「音」以外のレベルではどうであろうか。別の言い方をすると、音以外のところで言語と音楽に共通点を見出すことはできないのであろうか。共通点というのは、あると言えばあるしないと言えばない。つまり、共通点は「見つけるもの」であり「あるもの」ではないのだ。これから、言語と音楽の間に、そして言語学と音楽学の間に、無理矢理にでも、共通点を見つけていく。アナロジー思考で言語と音楽を、そして言語学と音楽学を結びつけていく。そして、可能な限り、たとえ無理やりだと思われようとも、言語学を音楽学に近づけ、音楽学を言語学に近づけていく。そうすることにより、何か大きな発見ができるかもしれない。何かブレイクスルーにつながるヒントが見つかるかもしれない。

コラム

癒やされる432Hzとウザい200Hz

楽器のチューニングは、通常、A＝440Hzで行う。しかし、最近では、A＝442Hzですることが多い。ちょっとでも周波数が高いほうが明るく聞こえ、曲の印象がよくなるからだ。でも、一部の音楽通の間には、「A＝432Hzで演奏すると心に染み入るよね」といった声もあり、あえて432Hzで演奏するアーティストもいる。

440Hzで演奏したものと432Hzで演奏したものを聴き比べてみるとわかるが、驚くほど曲の印象が違う。あくまでも私の印象ではあるが、440Hzで演奏したものは、なんとなく人工的でデジタル臭がして、耳に刺さるような感じがする。一方、432Hzで演奏したものは、アナログ的で耳にやさしく、角が取れたような音がする。さらにいうと、真空管アンプのような温かい音がする。

なお、ハエが近くにくるとブ〜ン♪という音がするが、あの音はだいたい200Hzの音である。というのも、ハエは1秒間に200回ほど羽を動かしているからだ。

2　どんな曲も 24 個の音の配列パターンから生まれる

2.1　全音と半音

ドレミファソラシドを英語と日本語でいうとどうなる？

赤くて丸くて噛むと甘く、表面には小さなツブツブがたくさんついていて、そしてケーキによく挟まっているもの……　そう、それはいちごである。この「いちご」、日本語では「いちご」と言うが、英語では strawberry（ストロゥベリィ）と言い、ドイツ語では Erdbeere（エアッベーハ）と言い、イタリア語では fragola（フラァゴラ）と言う。「いちご」は言語によって呼び方が違う。

モノの名称は言語ごとに異なるが、同じことが音名にもいえる。皆さんもご存知の通り『ドレミの歌』という楽曲がある。ドはド～ナツのド～♪で始まるあの歌である。日本人の大半が、幼少期に『ドレミの歌』でドレミファソラシドの存在を知り、その後、小学校に入ってドレミファソラシドについてあらためて学ぶといったところであろう。あのドレミファソラシドであるが、実は、イタリア語なのである。では、ドレミファソラシドを英語で言うとどうなるのであろうか。CDEFGABC となる。では、日本語で言うとどうなるのであろうか。ハニホヘトイロハとなる。国というか言語によって、「ドレミファソラシド」は言い方が異なるのだ。

（1）　音名の読み方

イタリア語	ド	レ	ミ	ファ	ソ	ラ	シ	ド
英語	C	D	E	F	G	A	B	C
日本語	ハ	ニ	ホ	ヘ	ト	イ	ロ	ハ

『G 線上のアリア』と『C 調言葉に御用心』

バッハが作曲した曲に『G 線上のアリア』というのがあるが、（1）の表からわかるように、この「G 線」の G とはソのことである。ちなみに、ヴァイオリンには弦が 4 本あり、一番低い音の弦を G 線という。この G 線を使って奏でる

アリア（独唱曲）、それが『G 線上のアリア』なのだ。また、サザンオールスターズの楽曲に『C 調言葉に御用心』というのがあるが、この「C 調」の C とは、(1) の表からわかるように、ドのことである。つまり、日本語の音名でいうと、これまた (1) の表からわかるように、ハのことである。よって、C 調とはハ長調ということになる。なお、「C 調」とは音楽業界の隠語で「調子がいい」を意味する。このことからわかるように、『C 調言葉に御用心』には「調子のいいことばに要注意」という裏の意味があるのだ。蛇足ではあるが、『C 調言葉に御用心』を純日本語風にすると「ハ長調言葉に御用心」となるが、これだと C 調が含意する「調子がいい」の意味をまったく読みとることができない。

モノの名称と同じように音名にもいろんな呼び方がある。この先、音名について触れることがあるが、その際はアメリカ式の呼び方を使うことにする。つまり、馴染みのあるドレミファソラシドではなく CDEFGABC を使うことにする。なぜならば、アメリカ式の CDEFGABC の方が、音の仕組みを説明しやすいし、習う方もその方がわかりやすいからだ。とはいうものの、教育的効果を優先して、イタリア式のドレミファソラシドや日本式のハニホヘトイロハを使うこともある。このあたりは臨機応変に対応していきたいと思う。

コラム

なぜ A からじゃなく C から？

アルファベットは A から始まる。それなのに、なぜ音楽は C から始まるのだろうか。つまり、なぜ音楽では C が基準の音なのか。古代ギリシャの時代では、実は、A が基準の音であった。それが、和音（コード）などの仕組みが明らかになるにつれて、基準の音が A から C にシフトするようになった。

かつてAが基準の音であったことは、楽器のつくりを見てもわかる。もしAが基準の音なら、弦楽器などで開放弦がAの音のものがあってしかるべきである。実際、チェロやバイオリン、そしてビオラやコントラバス、さらにはギターやベースでは、開放弦がAのものがある。ピアノの一番左端の鍵盤がAの音であるのも古代ギリシャ時代の名残である。

ハ長調、それはドレミファソラシド

サザンオールスターズの『C 調言葉に御用心』であるが、上で見たように、「C 調言葉」の C 調とはハ長調のことである。では、C 調すなわちハ長調とは何のことであろうか。C 調つまりハ長調とは、実は、ドレミファソラシドのことなのである。CDEFGABC という音の配列、これを C 調（ハ長調）というのだ。「何を言っているのかさっぱりわかんねぇ」と思われる方もおられるかと思う。これからわかりやすく説明していくからご安心を。なお、この先、本書の性格上、音楽理論を網羅的に解説することはしない。本書の議論に必要なもののみかいつまんで解説していく。また「このあたりは常識的なことだから軽く流してもかまわないかな……」というところは、とくに説明をすることもなくさらっと音楽用語を使うこともある。そのあたりご理解ならびにご了承いただきたい。

さて、C 調（ハ長調）とは、上で軽く触れたように、CDEFGABC という音の配列のことである。ポイントは「音の配列」である。では、これから、この「音の配列」に注意しながら CDEFGABC すなわちドレミファソラシドについてみてみよう。つまり、「C 調すなわちハ長調とは何か」についてみていこう。

異名同音と金星

鍵盤のイラスト（2）をみてもらいたい。白鍵には、お約束どおり、ドレミファソラシドの代わりに CDEFGABC のアルファベットを書き入れている。

（2） 白鍵の音名

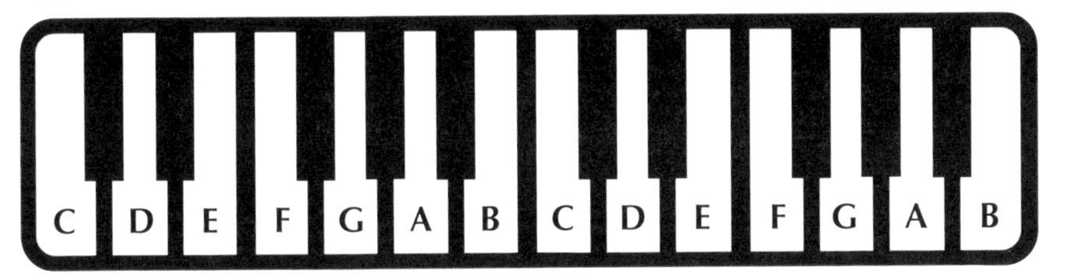

まず左端の２つの白鍵 C と D を見てもらいたい。見ておわかりのように、C と D の間には鍵盤がある。黒い鍵盤すなわち黒鍵（C#/D♭）である。同じように、D と E の間にも鍵盤がある。同じく黒鍵（D#/E♭）である。しかし、E と F の間には鍵盤がない。E と F は隣同士であるからだ。F と G の間には、C と D ならびに D と E の場合と同様、黒鍵（F#/G♭）がある。同じように、G と A の間と A と B の間にも黒鍵がある。それぞれ G#/A♭と A#/B♭である。最後、B と C の間には、E と F の間と同じように、鍵盤がない。B と C は、E と F と同じように隣同士であるからだ。

C# などに見られる # は「半音高い」を意味し、D♭などに見られる♭は「半音低い」を意味している。このことを踏まえた上で次の（3）を見ていただくとわかるように、たとえば、C#/D♭のスラッシュ（／）は、スラッシュの前の音と後の音が同じ音であることを表している。

（3） 黒鍵の音名

C#/D♭ D#/E♭　F#/G♭ G#/A♭ A#/B♭　C#/D♭ D#/E♭　F#/G♭ G#/A♭ A#/B♭

↓ ↓ ↓ ↓ ↓ ↓ ↓ ↓ ↓ ↓

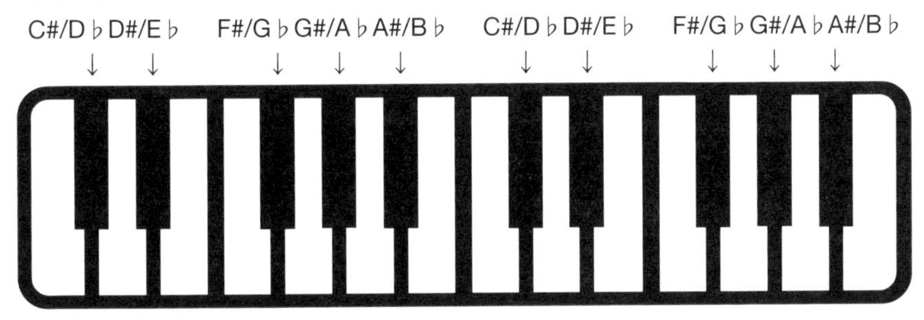

（3）の黒鍵部分を見ていただくとわかるように、C# と D♭は同じ音であるし、D# と E♭も同じ音である。また、F# と G♭も同じ音で、G# と A♭も同じ音で、A# と B♭も同じ音である。このようなものを異名同音という。**異**なる**名**だ

けど**同じ音**ということだ。金星に「明けの明星」と「宵の明星」の2つの呼び方があるのと似ている。明け方に東の空に見える金星を「明けの明星」といい、日没後に西の空に見える金星を「宵の明星」という。いつ・どの方向から見るかで呼び方が変わってくるのだ。同じことが音名にもいえるのである。Cから見ればその右隣の音はC#となるし、Dから見れば、その左隣の音はD♭となる。同じものを2つの呼び方で表している。金星と同じである。

全音：ワンクッション置いた音の関係

白鍵と黒鍵の音名がわかったところで、(2)と(3)をドッキングした次の(4)を見ながら、懸念となっている「音の配列」について考えていこう。

(4) 鍵盤の音名

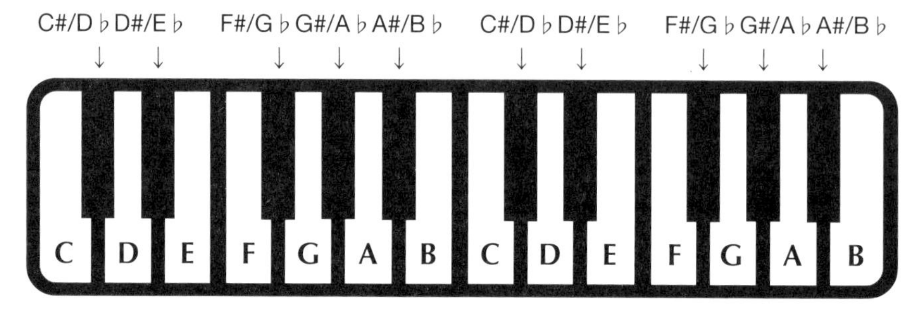

CとDの間には鍵盤がある。C#/D♭の音を奏でてくれる黒鍵である。このように、ワンクッション置いて関係づけられる2つの音の関係ないし距離を「全音」という。ちなみに、基準となる音から半音2個分の距離を「長2度」というが、基準の音と長2度の音の距離や関係を全音というのだ。「えっ、長2度って何よ？ わけわかんね」と思うかもしれないが、このあたりのことはおいおい説明していく。とりあえず、今は、「ワンクッション置いた音の関係を全音という」とざっくりと覚えてもらえればいい。あるいは、基準となる音から半音2個分の距離にある音が基準の音と「全音」の関係にあると理解してくれてもいい。専門用語を使って理解したいというのなら、「基準の音と長2度の音の関係を全音という」と理解してくれればいい。どんな形でもいいから、とりあえず、「全音」というのものの「距離感と関係性」を感じてほしい。

CとDが全音の関係にあることがわかったところで、今度はDとEの関係をみてみよう。DとEの関係は、CとDの関係と同じである。CとDのとき同様、DとEの間にも黒鍵があるからだ。また、DとEはワンクッション置いた位置関係にあるし、Dから半音2個分の距離にEがあり、DとEは長2度の関係にある。このことからもわかるように、DとEも、CとDと同じように、全音の距離ならびに関係がある。

半音：隣り合う音の関係

次にEとFの関係をみてみよう。EとFは、これまで見たCとDならびにDとEとは、(4) を見てわかるように、事情が違う。CとDならびにDとEでは、その間に鍵盤があった。つまり黒鍵があった。その一方、EとFの間には何もない。白鍵も黒鍵もない。EとFは隣同士であるからだ。このような音の位置関係を「半音」という。ちなみに、基準となる音から半音1個分の距離を「短2度」というが、基準の音と短2度の音の距離や関係を半音というのだ。「えっ、今度は短2度なんてのが出てきたか……」と思うかもしれないが、このあたりのことはおいおい説明していく。とりあえず、今は、「隣の音との関係を半音という」とざっくりと覚えてもらえればいい。あるいは、基準となる音から半音1個分の距離にある音が基準の音と「半音」の関係にあると理解してくれてもいい。専門用語を使って理解したいというのなら、「基準の音と短2度の音の関係を半音という」と理解してくれればいい。どんな形でもいいから、とりあえず、「半音」というものの「距離感と関係性」を感じてほしい。

次にFとGの関係についてみてみよう。FとGは、これまで見たCとDならびにDとEと、(4) を見れば一目瞭然、事情がまったく同じである。FとGの間にワンクッションあるからだ。つまり、黒鍵があるからだ。同じように、GとAも、さらにはAとBも、その関係性は、CとDならびにDとE、そして今みたFとGとも同じである。GとAは半音2個分の関係にあるからだ。同じように、AとBの関係も、これまで見てきたCとD、DとE、FとG、そしてGとAと同じである。AとBは長2度の関係にあるからだ。FとGも、GとAも、AとBも、CとDならびにDとEと同じように、全音の関係にあるのだ。

最後、BとCについてみてみよう。BとCは隣り合っている。BとCの間には何もないからだ。よって、BとCは半音の関係にある。また、Bを基準とした場合、半音1個分の距離のところにCがある。BとCは、やはり、半音の関係にある。BとCは、EとFと同じように、短2度の関係にあるから、あらためていうまでもなく、半音の関係にあるのだ。

これまでのことをまとめると次のようになる。全音の間隔を⊔で表し、半音の間隔を＼／で表している。

(5)　全音と半音

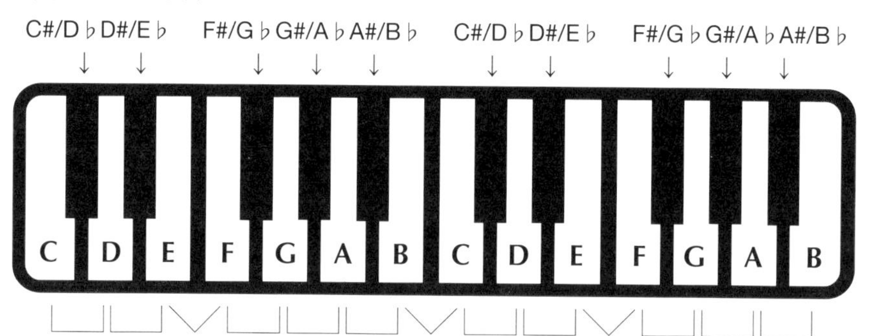

コラム

中央ド

音叉の取っ手に「A＝440Hz」という刻印がなされているが、このAは、ピアノの中央に位置するド（これを「中央ド」や「中央ハ」という）から半音9個分右にあるA（ラ）の音のことである。ちなみに、ピアノの中央ドと同じギターの音は、2弦だと1フレットにあり、3弦だと5フレットにある。他には、4弦だと10フレットにあり、5弦だと15フレットにあり、6弦だと20フレットにある。5弦3フレットにあるC（ド）は中央ドより1オクターブ低いドである。

2.2　長調と短調

長調、それは全全半全全全半

『ドレミの歌』に出てくるドレミファソラシドであるが、(5) を見てわかるように、隣同士の音の間隔が次のようになっている。全音を「全」、半音を「半」で表している。

(6)　ドレミファソラシドの配列

ドレミファソラシドすなわち CDEFGABC では、(6) の間隔すなわち「全全半全全全半」で音が並んでいるのである。実は、この音の配列つまり「全全半全全全半」を長調というのである。

(7)　長調の音の配列
　　全全半全全全半

ハ長調／ C メジャー

これでおわかりかと思うが、ハ長調とは「ハ」の音つまり C (ド) から「全全半全全全半」の間隔で並べられた音の配列のことをいうのである。幼稚園児でも知っているドレミファソラシドとは、実は、ハ長調のことなのだ。そして、このハ長調の音を中心につくられた楽曲をハ長調の曲というのである。「ハ」の音を英語表記で C といい、「長調」を英語でメジャー (major) という。よって、ハ長調の曲とは C メジャー (C 調) の曲ということになる。サザンオールスターズの『C 調言葉に御用心』の「C 調」の表の意味と裏の意味がこれでわかったということだ。

ニ長調／ D メジャー

「ハ長調とは何か？」の答えがわかったところで、今度は「ニ長調とは何か？」の問いについて考えてみよう。もうおわかりかと思うが、ニ長調とは、次の (8) に示されるように、「ニ」の音すなわち D から (7) の間隔で音を並べたものである（以下、使われる白鍵に黒丸印をつけ、黒鍵に白丸印をつける）。

（8） 二長調で使われる鍵盤

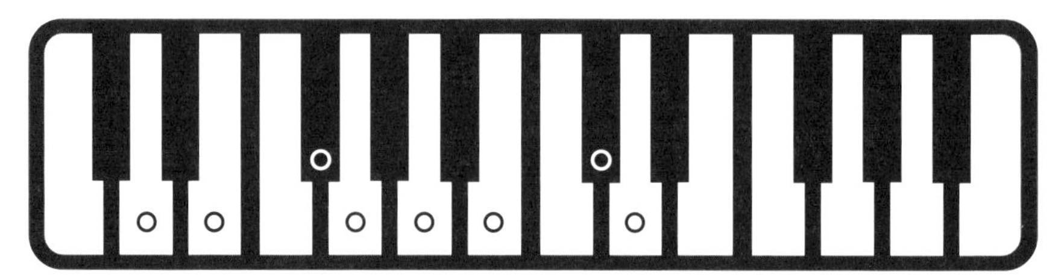

（8）の白丸と黒丸がどこにあるか確認すればわかるように、二長調の音の構成は（9）のようになる。

（9） 二長調の音の構成
D E F# G A B C# D

そして、これらの音を中心につくられた曲を二長調の曲つまり D メジャーの曲という。身近なところだと、東京事変の『透明人間』やいきものがかりの『月とあたしと冷蔵庫』がある。

ホ長調／ E メジャー

ハ長調と二長調がわかったところで、最後にもう 1 つだけ長調についてみてみよう。ハ二ときたから次はホだ。では、ホ長調について考えてみよう。ホ長調の「ホ」の音は E である。よって、E をスタートにして「全全半全全全半」の配列で音を並べるとそれがホ長調になる。次の（10）のように、鍵盤のイラストを使って 1 つ 1 つ音を確かめながらやるとわかるように、

（10） ホ長調で使われる鍵盤

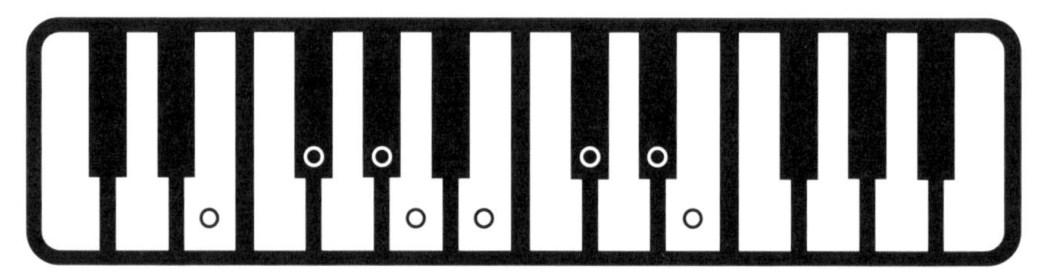

ホ長調の音の構成は次のようになる。

(11)　ホ長調の音の構成
　　　E F# G# A B C# D# E

これらの音を中心につくられた曲がホ長調つまりEメジャーの曲である。身近なところだと、マカロニえんぴつの『PRAY.』やStevie Wonderの『Isn't She Lovely』がある。

ハ長調とニ長調とホ長調は音の雰囲気が同じ！

手元に鍵盤楽器があったら1つトライしてもらいたいのだが、ハ長調のC D E F G A B Cとニ長調のD E F# G A B C# Dとホ長調のE F# G# A B C# D# Eをそれぞれ弾いて聴き比べをしてみてほしい。音の雰囲気がまったく同じに感じられるかと思う。ハ長調よりニ長調の方が、そしてニ長調よりホ長調の方が全体的に音が高く感じられるであろう。でも、音の雰囲気はまったく同じに感じられるかと思う。

なぜ音の雰囲気が同じに感じられるのだろうか。それは、どれも長調であるからだ。つまり、ハ長調もニ長調もホ長調も（7）の規則にしたがって音が配列されているからだ。(7）を下に繰り返す。

(7)　長調の音の配列
　　　全全半全全全半

使われている音が違うのに同じように聞こえる。使われている語が違うのに同じ意味を伝えることができることとどこか似ていないだろうか。このことを頭の隅に置きながらこの先も読み進めていってもらいたい。

音楽と言語の特徴：有限から無限へ

1オクターブ内に鍵盤は12個あるが、この12個ある鍵盤のどの鍵盤からも長調をつくることができる。つまり、12個の長調をつくることができる。長調（つまりメジャーキー）の曲は明るい。話をすごく単純化すると、明るい曲はこの12個の長調でつくることができてしまうのである。無限にある明るい曲が、12個の長調でつくることができてしまうのである。つまり、無限にある明るい曲が有限の音楽のルール（長調の音階）でつくり出すことができるのだ。第 11 章で詳しくみるように、有限から無限を生み出すこの特性は、実は、言語にも見られる。音楽と言語に見られるこうした共通点から、音楽理論と文法理論の類似性やつながりが期待できそうである。この期待がはたして応えられるのか、それとも裏切られるのかは、本書でいずれ明らかにされる。

短調、それは全半全全半全全

明るい楽曲があれば暗い楽曲もある。では、暗い楽曲はどのようにしたらつくることができるのだろうか。明るい曲のベースにある長調について見てきたところで、今度は暗い曲のベースにある短調についてみてみよう。長調とは（7）の音の配列のことであることをみたが、結論からいってしまうと、短調とは次の（12）の音の配列のことをいう。比較しやすいように、長調の音の配列（7）と短調の音の配列（12）をセットにして紹介する。

（7） 長調の音の配列
全全半全全全半

（12） 短調の音の配列
全半全全半全全

ハ短調／ C マイナー

短調の音の配列がわかれば、もう、鍵盤のどこを押さえればハ短調になるかわかる。「ハ」の音つまり C をスタートにして、次の（13）に示されるように、「全半全全半全全」の順に鍵盤を押さえていけばよいだけだ。

（13） ハ短調で使われる鍵盤

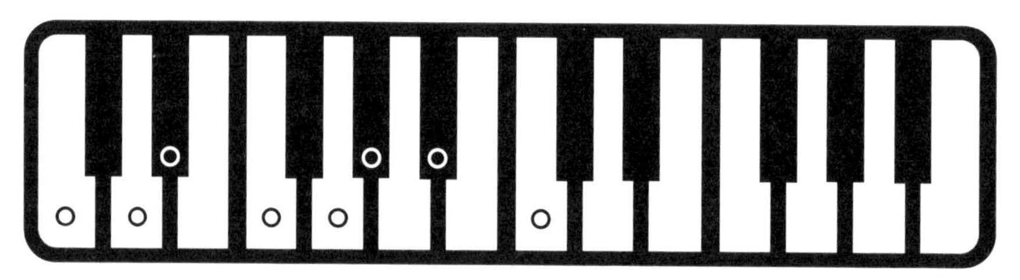

ハ短調の音の構成は次の（14）のようになるが、長調のときとは異なり、短調では、ケースバイケースで、黒鍵の音を♭（フラット）を使って書き表す。

(14)　ハ短調の音の配列

C D E♭ F G A♭ B♭ C

手元に鍵盤楽器があるのなら、ぜひ、C D E♭ F G A♭ B♭ C の順に鍵盤を押さえていってもらいたい。ハ長調のときとは違い、どこなく暗く、そして物哀しい感じがするであろう。

長調をメジャーとよぶのに対して、短調をマイナーとよぶ。よって、ハ短調は C マイナーとなる。ハ短調の音を主に使ってつくられた曲をハ短調の曲すなわち C マイナーの曲という。クラシックだとショパンの『ノクターン 13 番 op.48-1』がハ短調の曲だし、ポップスだと AKB48 の『フライングゲット』がハ短調の曲つまり C マイナーの曲である。『フライングゲット』は明るい感じの曲に聞こえるが、実は、音楽的には暗い曲なのだ。

ニ短調／ D マイナー

ハ短調についてわかったところで、次はニ短調つまり D マイナーについてみてみよう。ニ短調は、「ニ」の音つまり D をスタートにして（12）の音の配列でつくられる。よって、押すべき鍵盤は次のようになる。

(15)　ニ短調で使われる鍵盤

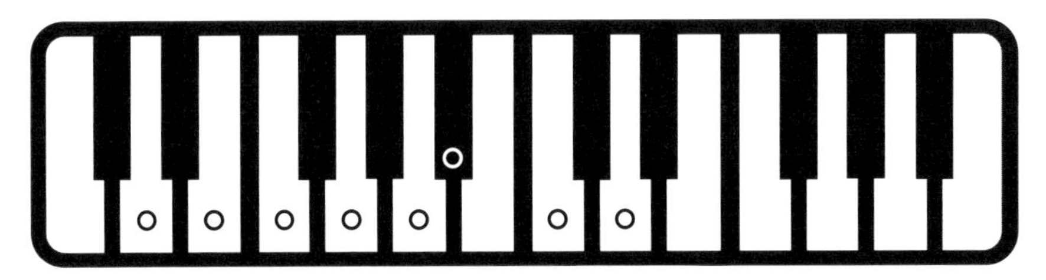

見ておわかりのように、ニ短調では黒鍵は 1 つしか使われない。B♭の黒鍵だけである。

ニ短調の音の構成は、（15）の鍵盤にある丸を 1 つ 1 つ確認するとわかるように、次のようになる。

（16） ニ短調の音の構成

DEFGAB♭CD

このニ短調の音をメインにつくられた曲をニ短調の曲すなわちDマイナーの曲というが、身近なところだと、中島みゆきの『地上の星』やサイモン＆ガーファンクルの『冬の散歩道』がある。

ホ短調／Eマイナー

もう1つだけ短調についてみてみよう。長調のとき同様、ハニときたので次はホのホ短調についてみてみよう。ここまできたらもうおわかりのように、ホ短調は「ホ」の音つまりEを基準にして（12）の音の配列からなる音階である。（12）を下に繰り返す。

（12） 短調の音の配列

全半全全半全全

よって、ホ短調で押すべき鍵盤は次のようになる。

（17） ホ短調で使われる鍵盤

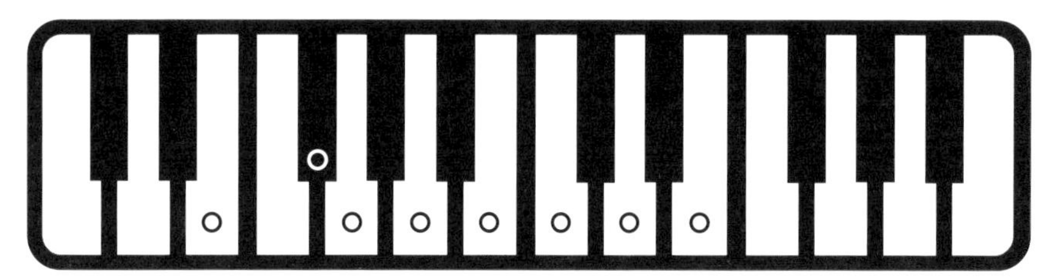

見ておわかりのように、一箇所だけ黒鍵を使う。F# のところである。

（17）の丸を1つ1つ追っていけばわかるように、ホ短調の音の構成は次のようになる。

（18） ホ短調の音の構成

EF# GABCDE

これらの音を主に使ってつくられた曲をホ短調の曲つまりEマイナーの曲という。邦楽だとポルノグラフィティの『サウダージ』やREBECCAの『フレンズ』

がある。洋楽だと Bon Jovi の『Livin' On A Prayer』や Billy Joel の『The Stranger』がある。これらの曲を聴いてみるとわかるように、同じキーの曲（すなわち E マイナーの曲）であるのにまったく違った雰囲気の曲になっている。

使われている音はほとんど同じなのに、つまり（18）の音しか基本的に使われていないのに、楽曲の印象がまったく違う。不思議に思えないだろうか。同じことが他のマイナーキーにも、そしてメジャーキーにもいえる。使われている部品がほとんど同じなのにできあがった製品がまったく違うのである。これと同じことが言語にも見られる。使われているアルファベットや文字が同じであるのにまったく違った単語ができれば（たとえば、tea と eat のペアや玉（たま）と股（また）のペア）、使われている単語が同じなのにまったく異なる意味の文をつくることができる（たとえば、Tom bit a dog（トムが犬に噛み付いた）と A dog bit Tom（犬がトムに噛み付いた）のペア）。こんなところにも音楽と言語の類似点や相関性を見ることができる。

ハ短調とニ短調とホ短調は音の雰囲気が同じ！

手元に鍵盤楽器があるのなら、ぜひ、（14）のハ短調と（16）のニ短調と（18）のホ短調を弾いて聴き比べをしてもらいたい。

（14）　ハ短調の音の構成
　　　　C D E♭ F G A♭ B♭ C

（16）　ニ短調の音の構成
　　　　D E F G A B♭ C D

（18）　ホ短調の音の構成
　　　　E F# G A B C D E

ハ短調もニ短調もホ短調も、どれも、音の雰囲気が同じかと思う。違うのは全体的な音の高さだけであろう。メロディラインというか音の聞こえ方が保持された状態で、音の高さだけ、ハ短調よりもニ短調の方が、そしてニ短調よりもホ短調の方が高く感じられるだろう。

では、なぜハ短調もニ短調もホ短調も音の雰囲気が同じなのであろうか。それは、長調のときと同様に、音と音の間隔が同じであるからだ。つまり、ハ短調もニ短調もホ短調も、(12) の音の配列にしたがって音階 (スケール) が組み立てられているからだ。(12) を下に繰り返す。

(12) 短調の音の配列
全半全全半全全

長調のときと同様に、使われている音が違うのに同じように聞こえてしまう。使われている語が違うのに同じ意味を伝えられる言語と、長調だけでなく短調でも、似ている。不思議だし奇遇である。

12 個あるどの鍵盤も、(12) の短調の音の配列を使えば、短調の音階をつくることができる。短調の曲は、基本、暗く、そして重い。どんなダークな楽曲も、12 個の短調のどれかを使えばつくることができる。無限にある暗くて重い曲がたった 12 個の短調の音階でつくることができるのである。

長調のときと同じように、短調でも、有限のルール (つまり (12) の音の配列) から無限のダークな感じの曲をつくることができる。繰り返すが、この有限から無限を生み出す特徴は、第 11 章で詳しく見るように、まさに言語の特徴でもある。言語と音楽の相性のよさは、長調だけでなく短調にも見出すことができるのである。

どんな曲も 24 個のパターンのうちの 1 つ！

これまでつくられた曲はどれも、今つくられている曲もどれも、そしてこれからつくられる曲もどれも、(7) の長調の音の配列か (12) の短調の音の配列でつくられている。(7) と (12) を下に繰り返す。

(7) 長調の音の配列
全全半全全全半

(12) 短調の音の配列
全半全全半全全

1 オクターブ内に鍵盤は 12 個あるので、これまで見てきたように、長調は全部で 12 個あり、同じように短調も全部で 12 個ある。したがって、合計 24 個の調 (つまりスケールないしキー) があることになる。私たち人間がつくる曲は、基本、この24個の調というかパターンに、どれも、落とし込むことができるのである。考えてみたらこれはすごいことである。この後わかるように、同じようなことが言語にも見られる。言語もいくつかのパターンに落とし込むことができるのだ。

音楽も言語も大きく分けると2パターン

楽曲は長調と短調の2つに大きく分けることができるが、実は、言語も、次の章で詳しく見るように、大きく2つに分けることができる。このように、いろんなところに音楽と言語の類似点や相関性を見つけることができる。いや、見出すことができる。次の章では、本章の音楽のシステムを踏まえた上で、言語のシステムをざっくりと見ていく。そして、本当に音楽のシステムと言語のシステムが似ているのか見ていく。アナロジー思考で、無理矢理にでも、音楽と言語の間にパラレリズムを見出していきたいと思う。「見る」のでも「見ていく」のでもなく、まさに「見出して」いくのである。

コラム

音楽の3要素と音の3要素

メロディと和音とリズムの3つ、これが「音楽の3要素」である。この3つのものが絡み合って楽曲の特性が決まる。本書では、音楽の3要素のうちとくに和音を扱う。なぜならば、和音すなわちコードが、さらにはコード理論こそが、文法理論とのインタフェイスを探るカギとなるからだ。

音楽の3要素がある一方で、「音の3要素」といったものもある。音の高さと音の大きさと音色である。この3つのものが絡み合って音の色合いが決まってくる。つまり、どのような音であるかが特徴づけられる。本書では、音の3要素のうちとくに音色を扱う。なぜならば、本書でおもに扱うコードは、まさに、音色を決める要因そのものであるからだ。

音の3要素についてざっくりと見てみよう。まず、音の高さであるが、振動数が多いと高く聞こえて、振動数が少ないと低く聞こえる。なお、振動数は音の強弱とはいっさい関係がない。また、音の高さはHz（ヘルツ）を単位として使う。

音の３要素の２つ目、音の大きさであるが、これは、振幅が大きいと大きな音に聞こえ、振幅が小さいと小さい音に聞こえる。音の高さには、上で見たように、振動数が絡むが、音の大きさには振幅が絡む。また、音の高さは、これも上で見たように、単位はHzであるのに対し、音の大きさの単位はdB（デシベル）である。

音の３要素の残りの１つ、音色であるが、音色は波形によって決まる。また、波形は倍音がどれくらい含まれているかによって変わってくる。なお、音色を表す単位は、音の高さや大きさとは違い、ない。

3　音楽の長と短、そして言語の前と後ろ

3.1　日本語と英語、中心となるものはそれぞれどこにある？

英語を読む時に感じる苦痛

楽曲は、第2章でも見たように、大きく2つのタイプに分けることができる。長調と短調である。言語も同じように、大きく2つのタイプに分けることができる。また、音楽は、これまた第2章で軽く触れたように、有限の規則から無限の楽曲を生み出すことができる。言語も同じように、有限の規則から無限の文を生み出すことができる。この章では、まず、言語に見られる1つ目の特徴について見ていく。つまり、言語も、音楽と同じように、大きく分けて2つのタイプがあることを見ていく。

私たち日本人がはじめて出会う外国語、それは、ほとんどの場合において、おそらく英語であろう。そして、義務教育である小学校と中学校では、日本人なら誰でも、好むと好まざるとにかかわらず、英語を勉強しなくてはならない。英語がいま好きな人も、いわんやそうでない人も、程度の差こそあれ、英語に苦しめられた経験がそれなりにあるであろう。苦しみの内容や程度は人それぞれであろうが、その苦しみの出処は、皆さんも認めてくれると思うが、日本語と英語の違いにある。

日本語と英語はいろんな点で違う。日本語はひらがなやカタカナや漢字、さらにはアルファベットを使う。それに対し、英語は、基本、アルファベットしか使わない。このように、日本語と英語は見た目だけでも十分に違う。見た目だけでなく聞いた感じも違う。日本語にはあまり抑揚が感じられずその意味では音楽的ではない。その一方、英語はリズミカルで音楽的である。日本語と英語は、リズミカルかどうか、つまり音楽的かどうかで、聞いた感じがそれぞれ異なる。

なるほど、日本語と英語は、見た目と聞いた感じに違いがある。でも、英語の勉強で苦しめられたのは、この違いではおそらくないであろう。むしろ、これら2つの言語に見られる語順の違いではないだろうか。

楽曲は、先の章で見たように、長調と短調の２つに大きく分けることができた。言語は、実は、語順に関して、楽曲と同じように、大きく２つのタイプに分けることができるのである。その２つのタイプのうちの１つが日本語であり、もう１つのタイプが英語である。語順という点では、日本語と英語はまったく違うタイプの言語であるのだ。このタイプの違いが英語を学ぶ際の苦痛となっているのである。「苦痛」の源となっているこの日本語と英語の語順の違いについてこれから見ていこう。

下から上へ、右から左へ読んでしまう英文

日本語を読むように英語を読むのは、私たち日本語ネイティブには至難の業である。どんなに英語に精通している人でも、日本語を読む感覚で英語を読むことはできない。ある程度の英語力、いや、かなり高い英語力がある人ならば、ジャンルにもよるが、上から下へ、そして左から右へとスラスラ読むことができる。でも、そうでない人だと、どうしても、下から上へ、そして右から左へと読んでしまう。ちょうど高校の国語の授業で漢文を読んでいた時のように。

英語ビギナーズは、なぜ、英語を読む際、下から上へ、そして右から左へと読んでしまうのだろうか。つまり、書かれている順番とは逆の順番で読んでしまうのだろうか。それは、英語ビギナーズは、ビギナーであるがゆえに、英語を読む際に、どうしても日本語を介在させて読んでしまうからだ。つまり、日本語の思考に照らし合わせて英文を読んでしまうから、下から上へ、そして右から左へと読んでしまうのである。

日本人の思考は、母語である日本語の影響を大きく受ける。私たち日本語ネイティブは、母語の日本語を介在させないでものを考えることはほとんどできないといえよう。日本語と英語は、これから見ていくように、ものの見事に、語順が逆転している。その結果、英語を読むにあたっては、どうしても思考の流れが逆方向になってしまうのである。語順が逆転しているからこそ、そして、その帰結として思考の流れが逆転してしまうからこそ、本来なら上から下へ、そして左から右へ読むところを、下から上へ、そして右から左へと読んでしまうのである。このアクロバティックな英語の読み方が、まさに、英語を読むときの苦痛となっているのだ。

英語を学びたての頃に感じていたあのモヤモヤ感

現代社会には何かとモヤモヤすることが多い。SNS が普及したこともあり、他人の（偽装された）生活が可視化され、盛られた情報を真に受けて心がザワザワしたりモヤモヤしたりする。でも、なぜ心がザワついたりモヤるのか自分ではなかなかわからない。そこで、誰かに、「それってカクカクシカジカだから心がザワついたりモヤるんだよ」と言ってもらえると、「なるほど！そういうことだったのか！」となって心がスッキリする。でも、まだ、心はザワつきモヤったままだ。問題は解決されてもいぜんとして問題は解消されないままだから。

さて、英語ビギナーズだった頃、「なんで英語を読んでいるとき、英文が書かれた順番じゃなく、下から上に、そして右から左に読んだり考えたりしちゃうんだろう……」と幾度となく思ったことであろう。そして、自力ではその謎解きをすることができず、意識的であれ無意識的であれ、よくわからないモヤモヤを感じていたことであろう。やがて、英語ビギナーズを脱すると、もうあの頃のモヤモヤも常態化してしまい、あの時のモヤモヤも気にならなくなる。でも、今、こうやってあの頃のモヤモヤを思い起こされ、またあらためてあのモヤモヤを感じ始めていることではないだろうか。そこで、そのモヤモヤをスッキリさせるべく、これから、日本語と英語の語順について見ていきたいと思う。

日本語では中心となるものは後ろにくる

これから日本語と英語の語順について見ていくが、まずは、私たちの母語である日本語の例から見ていこう。次のなんの変哲もない日本語の表現を見てもらいたい。

(1) a.　ユダヤ人の虐殺
　　b.　その本を読む
　　c.　おばけが怖い
　　d.　その部屋で

これらの表現について、少しばかり言語学的な分析をしてみたい。まずは（1a）の「ユダヤ人の虐殺」であるが、このような表現を一般的に名詞句（noun phrase）という。名詞を中心に、その名詞を補助するものがついたもの、それが名詞句である。つまり、「名詞＋α」が名詞句である。(1a) で中心となっているのは「虐殺」である。それに先行する表現「ユダヤ人の」は「虐殺」を意味的に補完している。「虐殺」といったら「誰を」虐殺したのか、その情報が必要だからだ。中心となる名詞を太字で表すと、名詞句の（1a）は「ユダヤ人の**虐殺**」と表すことができる。

では、次に（1b）の「その本を読む」について見てみよう。この表現は、先ほどの「ユダヤ人の虐殺」とは違い、全体として動詞の特性をもっている。「読む」という動詞があるからだ。このような「動詞＋α」の形をしたものを動詞句（verb phrase）という。つまり、動詞を中心に、その動詞を意味的にサポートするものがくっついてできたもの、それを動詞句という。（1b）の「その本を読む」では動詞「読む」が中心となり、「動詞＋α」のαとして、つまりその動詞の意味を補完するものとして、「その本を」がある。よって、（1b）で中心となっている動詞「読む」を太字で表すと、動詞句の（1b）は「その本を**読む**」のように表すことができる。

今度は（1c）の「おばけが怖い」について見てみよう。この表現には「怖い」という形容詞がある。「怖い」といったら「何が」怖いのか、その「何が」の情報が必要である。（1c）の「おばけが怖い」では、「怖い」が必要とする情報を「おばけが」が補完してくれている。このことからわかるように、「おばけが怖い」では、形容詞の「怖い」が中心となり、それを意味的に補完するものとして「おばけが」があるのだ。よって、これまでの一連の話からわかるように、「おばけが怖い」は、「怖い」を中心としてもつ形容詞句（adjective phrase）となる。形容詞句の（1c）は、中心となっている形容詞「怖い」を太字で表すと、「おばけが**怖い**」のように表すことができる。

最後、（1d）の「その部屋で」について考えてみよう。「その部屋で」を英語でいうと at the room となる。at the room のようなものは、受験英語で学んだかと思うが、前置詞句（prepositional phrase）という。at the room の前置詞 at に相当するのは、ほかならぬ、「その部屋で」の「で」である。助詞の「で」のようなものを理論言語学では後置詞（postpositional phrase）とよんだりする。このことから察せられるように、（1d）の「その部屋で」で中心となっているのは、実は、後置詞の「で」なのである。そして、「で」の欠けているものを補う形で「その部屋」が「で」の前に置かれているのである。（1d）の「その部屋で」は、もうおわかりのように、後置詞「で」を中心とした後置詞句であるのだ。

よって、(1d) で中心となっている後置詞「で」を太字で表すと、後置詞句の(1d) は「その部屋**で**」のように表すことができる。

これまでの話をまとめると次のようになる。

(2) 日本語の名詞句と動詞句と形容詞句と後置詞句

日本語の表現	タイプ	補完するもの	中心となるもの
(1a) ユダヤ人の虐殺	名詞句	ユダヤ人の	**虐殺**
(1b) その本を読む	動詞句	その本を	**読む**
(1c) おばけが怖い	形容詞句	おばけが	**怖い**
(1d) その部屋で	後置詞句	その部屋	**で**

英語では中心となるものが前にくる

では、今度は、(1) の英語訳 (3) について見てみよう。

(3) a. genocide of Jews
b. read the book
c. afraid of ghost
d. at the room

(1) の分析から察しがつくように、(3a) の genocide of Jews は、名詞 genocide を中心とした名詞句であり、(3b) の read the book は、動詞 read を中心とした動詞句である。そして、(3c) の afraid of ghost は、形容詞 afraid を中心とした形容詞句で、(3d) の at the room は、前置詞 at を中心とした前置詞句である。よって、話を整理すると次のようになる。

(4) 英語の名詞句と動詞句と形容詞句と前置詞句

英語の表現	タイプ	中心となるもの	補完するもの
(3a) genocide of Jews	名詞句	**genocide**	of Jews
(3b) read the book	動詞句	**read**	the book
(3c) afraid of ghost	形容詞句	**afraid**	of ghost
(3d) at the room	前置詞句	**at**	the room

(2) と (4) を見比べるとわかるように、日本語と英語では、一目瞭然、中心となるものとそれを補完するものの位置関係が逆転している。日本語では中心となるものが後ろにくるのに対し、英語では前にくる。

従属節と関係節もチェックしてみよう！

　このような日本語と英語の違いは、次に見られるように、従属接続詞の「と／that」や「か／ if」をともなった従属節にも見られる。

(5)　日本語の従属節

日本語の表現	タイプ	補完するもの	中心となるもの
神は死んだと (言った)	従属節	神は死んだ	**と**
オレのことがまだ好きか (知りたい)	従属節	オレのことがまだ好き	**か**

(6)　英語の従属節

英語の表現	タイプ	中心となるもの	補完するもの
(said) that God was dead	従属節	**that**	God was dead
(want to know) if you still love me	従属節	**if**	you still love me

従属節でも、名詞句や動詞句や形容詞句や前／後置詞句のときと同じように、日本語では中心となるものが後ろにくるのに対し、英語では前にくる。

　さらに、次の日本語とその英語訳を見てみよう。

(7) a.　太郎が買った本
　　b.　the book Taro bought

日本語の (7a)「太郎が買った本」では、「太郎が買った」が「本」を修飾している。(7a) の英語訳 (7b) からわかるように、(7a) の「太郎が買った」の部分が関係節で、それが修飾している「本」が先行詞である。ただ、「本」は関係節の後ろにあるから本来なら「後続詞」とよぶべきところではあるが……

　(7a) は、これらの話からわかるように、次のようにラベル付けすることができる。

(8) [[関係節 太郎が買った][先行詞 **本**]]

一方、(7b) の the book Taro bought は、次のようにラベル付けすることができる。

(9) [[先行詞 **the book**][関係節 Taro bought]]

そして、(8) と (9) をまとめた次の表からわかるように、

(10) 日本語の場合

日本語の表現	タイプ	補完するもの	中心となるもの
(8) 太郎が買った本	関係節表現	太郎が買った	**本**

(11) 英語の場合

英語の表現	タイプ	中心となるもの	補完するもの
(9) the book Taro bought	関係節表現	**the book**	Taro bought

関係節をともなった関係節表現でも、これまでと同じように、日本語では中心となるものが後ろにくるのに対して、英語では前にくる。

これまでのことをまとめると次のようになる。

(12) 日本語では中心となるものが後ろにくるのに対し、英語では前にくる。

日本語と英語は真反対

(12) を念頭に置いた上で、あらためて、これまでの話をまとめた (13) と (14) を見比べてみよう。

(13)　日本語の場合

日本語の表現	タイプ	補完するもの	中心となるもの
(1a) ユダヤ人の虐殺	名詞句	ユダヤ人の	**虐殺**
(1b) その本を読む	動詞句	その本を	**読む**
(1c) おばけが怖い	形容詞句	おばけが	**怖い**
(1d) その部屋で	後置詞句	その部屋	**で**
(5) 神は死んだと（言った）	従属節	神は死んだ	**と**
(5) オレのことがまだ好きか（知りたい）	従属節	オレのことがまだ好き	**か**
(10) 太郎が買った本	関係節表現	太郎が買った	**本**

(14)　英語の場合

英語の表現	タイプ	中心となるもの	補完するもの
(3a) genocide of Jews	名詞句	**genocide**	of Jews
(3b) read the book	動詞句	**read**	the book
(3c) afraid of ghost	形容詞句	**afraid**	of ghost
(3d) at the room	前置詞句	**at**	the room
(6) (said) that God was dead	従属節	**that**	God was dead
(6) (want to know) if you still love me	従属節	**if**	you still love me
(11) the book Taro bought	関係節表現	**the book**	Taro bought

ものの見事に、日本語では中心となるものが後ろにくるのに対し、英語では前にくる。つまり、中心となるものとそれを補完するものの位置関係が完全に逆転している。わかりやすいことばを使えば、語順がまったく逆なのである。語順が逆転しているのであれば、思考も逆転する。だからこそ、英語ビギナーズは、英語を下から上へ、そして右から左へと読んでしまうのだ。その方が日本語の語順に、そして日本語の思考に合っているからだ。英語ビギナーズが英語を読んでいるときに感じる苦痛、それは、もうおわかりのとおり、(12) に起

因しているのだ。

(12)　日本語では中心となるものが後ろにくるのに対し、英語では前にくる。

つまり、本来なら上から下へ、そして左から右へ読まないといけないのに、(12) のせいで、下から上へ、そして右から左へと逆向きに読んでしまうのだ。この不自然な読みが脳への負担となり、それを苦痛として感じるのである。

3.2　長調から短調へ：3つの音を半音下げろ！

長調と短調、そして主要部先頭言語と主要部末端言語

日本語では中心となるものが後ろにくるのに対し英語では前にくる。実は、世界には言語が3000とも5000ともあるといわれているが、ざっくり分けると、日本語タイプ（つまり中心となるものが後ろにくるタイプ）と英語タイプ（つまり中心となるものが前にくるタイプ）の2つに分けられる。日本語タイプの言語を主要部末端言語とよぶのに対し、英語タイプの言語を主要部先頭言語とよぶ。言語は、ざっくり分けると、主要部末端型か主要部先頭型かのどちらかに大きく2つに分けることができるのである。日本語と英語は、それぞれ、主要部末端言語と主要部先頭言語の代表格であるのだ。

第2章で見たように、楽曲も、ざっくりと分けると、長調の曲と短調の曲の2つに分けることができる。同じようなことが言語にも見られるのだ。これだけだとたんなるこじつけのようにみえる。そこで、音楽理論と文法理論をもう少し掘り下げてみて、この「こじつけ」を払拭してみたい。

3番目の音と6番目の音と7番目の音に注目

第2章で見たように、長調とは次の音の並びをしているものであり、

(15)　長調の音の配列
　　　全全半全全全半

短調とは次の音の並びをしているものである。

（16） 短調の音の配列
　　全半全全半全全

つまり、長調（メジャースケール）と短調（マイナースケール）の違いとは音の配列の違いにほかならない。

C の音（つまりドならびにハの音）をスタートにして、（15）の音の配列で音を並べると次のハ長調ができる。

（17） ハ長調の音の配列
　　C D E F G A B C

同じく C の音をスタートにして、（16）の音の配列で音を並べると、今度は次のハ短調ができる。

（18） ハ短調の音の配列
　　C D E♭ F G A♭ B♭ C

（17）と（18）を見比べると 3 箇所に音の違いがあることに気づく。E の音と A の音と B の音である。E の音と A の音と B の音は、それぞれ、3 番目の音と 6 番目の音と 7 番目の音である。このことから、どうも、次のような仮説が立てられそうだ。

（19） 長調の 3 番目の音と 6 番目の音と 7 番目の音を半音下げると短調になる。

この仮説は正しいのだろうか。検証してみよう。もしこの仮説が正しければ、ニ長調の 3 番目の音と 6 番目の音と 7 番目の音を半音下げるとニ短調になるはずだ。では、この予測が正しいのか見てみよう。ニ長調は、第 2 章で見たように、ニの音すなわち D（レ）の音をスタートにして（15）の配列で音を並べたものである。よって、ニ長調は次のようになる。

（20） ニ長調の音の配列
　　D E F# G A B C# D

上の音の配列において 3 番目の音と 6 番目の音と 7 番目の音は、それぞれ、F# と B と C# である。よって、これらの音を半音下げて、それぞれ F と B♭と

Cにしたらニ短調の音階になるはずである。実際、第2章で見たように、ニ短調の音階は次のようになり、

(21)　ニ短調の音の配列
　　D E F G A B♭ C D

予想通りである。これらのことから、どうも、(19) の仮説は正しいといえそうだ。仮説 (19) の確からしさをさらに上げるために、ホ長調とホ短調についても見てみよう。

ホ長調は、もうおわかりのように、ホの音（つまりEの音すなわちミの音）をスタートにして、長調の配列 (15) に準じて音を並べればつくることができる。ホ長調は、第2章ですでに見たように、次のような音の配列をしている。

(22)　ホ長調の音の配列
　　E F# G# A B C# D# E

上の音の配列において、3番目の音と6番目の音と7番目の音は、それぞれ、G# と C# と D# である。これらの音を半音下げると、それぞれ、GとCとDになる。

仮説 (19) が正しければ、(22) の3番目の音と6番目の音と7番目の音をそれぞれGとCとDにすればホ短調ができるはずだ。実際、次のホ短調の音階からわかるように、

(23)　ホ短調の音の配列
　　E F# G A B C D E

その通りである。このことからも (19) は正しいといえる。(19) をあらためて下に繰り返す。

(19)　長調の3番目の音と6番目の音と7番目の音を半音下げると短調になる。

音楽と言語に見られる連動型スイッチの存在

仮説 (19) がたんなる仮説ではなく音楽理論の原理のようなものに格上げされた。ここで、長調の3番目の音と6番目の音と7番目の音、この3つの音が

すべて半音下がらないと短調にならないことに注目してほしい。つまり、3番目の音だけが半音下がっても短調にはならないし、3番目の音と6番目の音の2つの音だけが半音下がっても短調にならない。同じように、3番目の音と7番目の音の2つの音だけが半音下がっても短調にはならない。3番目の音と6番目の音と7番目の音の3つの音すべてが半音にならないと長調は短調にならないのだ。

さて、長調から短調にシフトするための条件（19）がわかったところで、あらためて、次の日本語と英語の違いを見てもらいたい。

（13）日本語の場合

日本語の表現	タイプ	補完するもの	中心となるもの
（1a）ユダヤ人の虐殺	名詞句	ユダヤ人の	**虐殺**
（1b）その本を読む	動詞句	その本を	**読む**
（1c）おばけが怖い	形容詞句	おばけが	**怖い**
（1d）その部屋で	後置詞句	その部屋	**で**
（5）神は死んだと（言った）	従属節	神は死んだ	**と**
（5）オレのことがまだ好きか（知りたい）	従属節	オレのことがまだ好き	**か**
（10）太郎が買った本	関係節表現	太郎が買った	**本**

（14）英語の場合

英語の表現	タイプ	中心となるもの	補完するもの
（3a）genocide of Jews	名詞句	**genocide**	of Jews
（3b）read the book	動詞句	**read**	the book
（3c）afraid of ghost	形容詞句	**afraid**	of ghost
（3d）at the room	前置詞句	**at**	the room
（6）（said）that God was dead	従属節	**that**	God was dead
（6）（want to know）if you still love me	従属節	**if**	you still love me
（11）the book Taro bought	関係節表現	**the book**	Taro bought

これらの事実から、次のような日本語と英語の特徴をあぶり出すことができたわけだが、

(12) 日本語では中心となるものが後ろにくるのに対し、英語では前にくる。

上の (12) をさらに厳密に書くと次のようになる。

(24) 日本語では中心となるものが**すべて**後ろにくるのに対し、英語では**すべて**前にくる。

日本語では、名詞句でも動詞句でも形容詞句でも後置詞句でも従属節でも関係節表現でも、どの場合でも中心となるものが後ろにこないといけないのだ。同じように、英語では、名詞句でも動詞句でも形容詞句でも前置詞句でも従属節でも関係節表現でも、どの場合でも中心となるものが前にこないといけないのだ。

音楽では、長調が短調になるには、3 番目の音と 6 番目の音と 7 番目の音の 3 つの音がすべて半音にならないといけないように、日本語では、名詞句でも動詞句でも形容詞句でも後置詞句でも従属節でも関係節表現でも、すべての場合において中心となるものが後ろにこないといけないのだ。そして、英語では、名詞句でも動詞句でも形容詞句でも前置詞句でも従属節でも関係節表現でも、すべての場合において中心となるものが前にこないといけないのだ。

音楽では、長調が短調にシフトするにあたり、どうも、3 番目の音と 6 番目の音と 7 番目の音のうち、どれか 1 つでも半音下がると、それに連動して残りの 2 つも半音下がるようだ。同じことが、もうおわかりのように、言語にも見られるのである。日本語だと、たとえば、名詞句で中心となるものが後ろにくると決まれば、それに連動して、残りの動詞句でも形容詞句でも後置詞句でも従属節でも関係節表現でも、すべてにおいて、中心となるものが後ろにくるように決まってしまうようだ。英語でも同じことがいえ、たとえば、従属節で中心となるものが前にくると決まれば、それに連動して、残りの名詞句でも動詞句でも形容詞句でも前置詞句でも関係節表現でも、すべてにおいて、中心となるものが前にくるように決まってしまうようだ。

音楽と言語には、どうも、それぞれにスイッチがあり、そのスイッチがオンになると、それに連動してそれに関連する他のスイッチも自動的にオンになっ

てしまうようなのだ。音楽と言語はどことなく、そしてなんとなく似ている。音楽理論と言語理論の間には「何か」がありそうだ。その「何か」を次の章で探っていこう。

コラム

教会旋法：長音階と短音階以外の音階

長調（メジャーキー）の楽曲は（i）の音階をベースにしてつくられ、短調（マイナーキー）の楽曲は（ii）の音階をベースにしてつくられている。

（i）長調の音の配列
全全半全全全半
（ii）短調の音の配列
全半全全半全全

長調の音階を長音階といい、短調の音階を短音階というが、実は、音階には他にもあと５つある。まず１つ目であるが、ドリアン旋法というもので、次のような音階をもつ。

（iii）ドリアン旋法の音の配列
全半全全全半全

２つ目はフリジアン旋法というもので次のような音階をもつ。

（iv）フリジアン旋法の音の配列
半全全全半全全

３つ目はリディアン旋法というもので次のような音階をもつ。

（v）リディアン旋法の音の配列
全全全半全全半

４つ目はミクソリディアン旋法というもので次のような音階をもつ。

（vi） ミクソリディアン旋法の音の配列
全全半全全半全

最後５つ目はロクリアン旋法というもので次のような音階をもつ。

（vii） ロクリアン旋法の音の配列
半全全半全全全

これらの話からわかるように、「音階」は「旋法」と言い換えることができるのである。そうであれば、長音階と短音階も「旋法」ということばを使って言い換えることができるはずだ。実際、長音階はアイオニアン旋法ともいわれ、短音階はエオリアン旋法ともいわれる。これまでの話をまとめると次のようになる。

（viii） a. アイオニアン旋法（長音階）の音の配列
全全半全全全半
b. エオリアン旋法（短音階）の音の配列
全半全全半全全
c. ドリアン旋法の音の配列
全半全全全半全
d. フリジアン旋法の音の配列
半全全全半全全
e. リディアン旋法の音の配列
全全全半全全半
f. ミクソリディアン旋法の音の配列
全全半全全半全
g. ロクリアン旋法の音の配列
半全全半全全全

アイオニアン旋法の曲つまり長音階の曲は明るく、エオリアン旋法の曲つまり短音階の曲は暗い。では、他の旋法でつくられた曲はどんな感じなのだろうか。ドリアン旋法でつくった曲の雰囲気は、どことなくエスニックな感じがして、ゲームや映画で流れてきそうである。イングランドの民謡『グリーンスリーブス』も、実は、ドリアン旋法でつくられている。一方、ミクソリディアン旋法でつくられた楽曲はブルージーでロックな感じがする。ただ、ふつうのロックよりもっとエッジの効いたパワフルな感じがする。また、フリジアン旋法でつくった楽曲は、短音階つまりエオリアン旋法でつくった楽曲よりももっとヘビィな感じがする。このように旋法ごとに曲のイメージが異なる。

（viii a-g）の旋法を教会旋法（チャーチ・モード）とよぶのだが、バロック音楽が誕生するまではこれらの旋法（つまり音階）が使われていた。それが、バロック音楽の誕生以降は、アイオニアン旋法とエオリアン旋法（つまり長音階と短音階）が、ジャズを除けば、よく使われるようになった。使える音階の数がバロック以前と以降ではかなり異なるのだ。音楽では、ある意味、使えるツールが少なくなってきているのである。こういったことは言語にも見られ、活用変化や性や数の一致といったものは、どんどん単純化ならびに簡略化されるようになっている。こんなところも言語と音楽は似ている。

4 言語の普遍性と音楽の普遍性

4.1 母語と個別言語、そして普遍文法

私たちの母語が日本語なのはたまたま

この本を読んでいる皆さんは、おそらく、日本語ネイティブであろう。つまり、日本語を母語としているであろう。ところで、皆さんは、なぜ、日本語を母語としているのだろうか。つまり、皆さんは、なぜ、日本語ネイティブなのであろうか。

日本人だからだろうか。「日本人」の定義にもよるが、日本国籍をもっているかどうかは、日本語ネイティブであることと直接的な関係はない。日本国籍をもっていても日本語ネイティブでない人がいるし、その逆で、日本国籍をもっていなくても日本語ネイティブである人がいるからだ。

では、自分の親が日本人であるかどうかが関係しているのだろうか。それも関係がない。親が日本国籍をもっていても日本語ネイティブでない人がいるし、その逆で、親が日本国籍をもっていなくても日本語ネイティブである人がいるからだ。

皆さんは、なぜ、日本語を母語としてもっているのだろうか。皆さんが日本語ネイティブなのは、幼少期、日本語の環境で育ったからだ。それ以外の理由はない。皆さんは、幼少期、たまたま日本語の環境で育てられたから、それで、日本語が母語になっただけのことである。つまり、生まれてから４－５年の間、たまたま日本語を話す大人たちに囲まれて育ったから、それでたまたま、日本語ネイティブになったのにすぎないのだ。

こんなことがあっては困るが、あなたが、幼少期に、たまたま北朝鮮の工作員に拉致され、そのまま北朝鮮で暮らしていたら、あなたの母語は今ごろ朝鮮語になっていたことであろう。あなたもご両親も日本国籍をもっているのに。つまり日本人なのに。皆さんもご存知のように、こういったことが、かつて、日本の日本海側で起きていた。同じように、あなたが、幼少期に、たまたまロシアの工作員に拉致され、そのままロシアで暮らしていたら、あなたの母語は、

今ごろ、ロシア語になっていたことであろう。あなたもご両親も日本国籍をもっているのに。つまり日本人なのに。皆さんもご存知のとおり、こういったことが、ロシアとウクライナの国境沿いで起きている。

脳内文法としての普遍文法

私たちが日本語を母語にしているのは、上で見たように、たまたまなのである。つまり、たんなる偶然で、そこには必然性はいっさいないのである。これは、裏を返せば、私たち人間は、人間の話す言語であれば、どんな言語でも母語にすることができるということだ。あなたも、私も、実は、世界にある4000から5000もある言語のどの言語でも母語にすることができるのだ。そして、そういった力を私たちは生まれながらにしてもっているのである。この能力を、理論言語学では、普遍文法（universal grammar）とよんだりしている。

私たちヒトは、普遍文法という能力をもって生まれてくる。つまり、ヒトという種は、その種の特性として、普遍文法という文法のソフトウェア（というかアプリケーション）を脳内にプリインストールされた状態で生まれてくるのだ。そして、その普遍文法のおかげで、私たちヒトは、生まれたときの環境次第で、どんな言語でも母語にすることができるのである。普遍文法をもつことが人間の特性であり、人間の特性といったら、この普遍文法の存在は外すことができないといえよう。

パラメータセッティング、それが母語の獲得

脳内文法ソフトウェアである普遍文法にはいくつかのパラメータ（スイッチ）が備え付けられている。そのうちの1つが「中心となるもの」が前にくるか後ろにくるかを決めるものである。つまり、第3章で見た次の（1）を決めるパラメータである。

（1）　日本語では中心となるものが後ろにくるのに対し、英語では前にくる。

パラメータという考え方を踏まえて（1）を言い換えると次のようになる。

（2）　「中心となるもの」を決めるパラメータは、生まれたときはニュートラルであり、その後、日本語を母語にすると「後ろ」に設定され、英語を母語

にすると「前」に設定される。

(2) の前半部分、つまり、母語を獲得する前の状態を図式化すると次のようになる。

(3) 生まれたばかりの赤ちゃん:「中心となるもの」パラメータはニュートラル

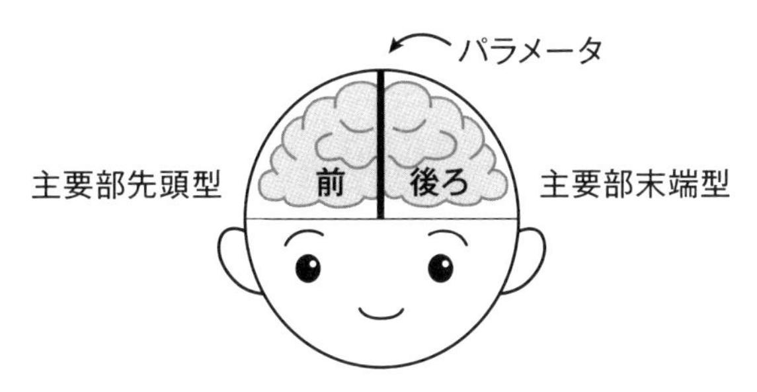

そして、(2) の後半部分、つまり、日本語ないし英語を獲得した状態を図式化すると次のようになる。

(4) 日本語ネイティブ:「中心となるもの」パラメータが「後ろ」に設定

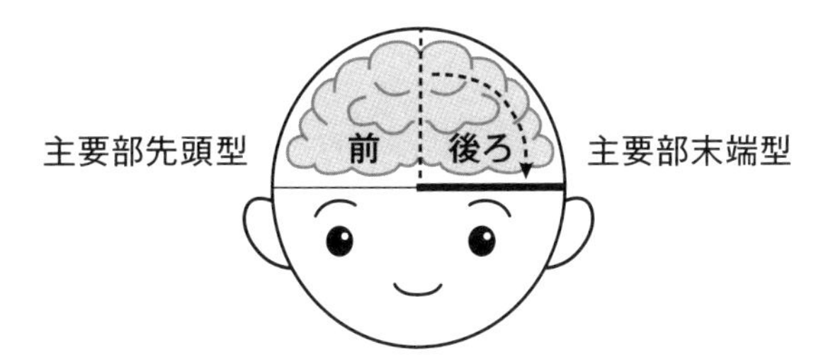

(5) 英語ネイティブ:「中心となるもの」パラメータが「前」に設定

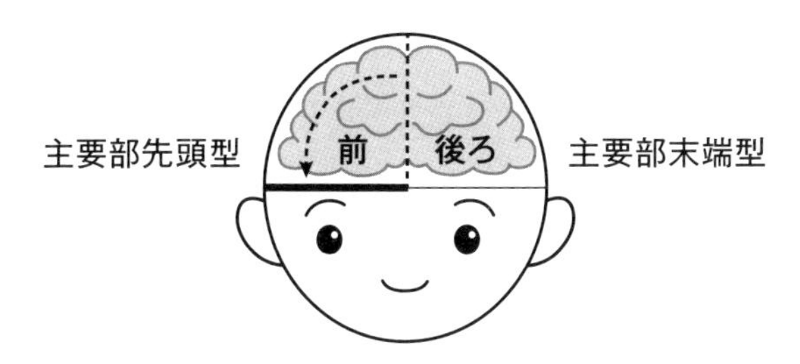

日本語や英語のような個々の言語を個別言語というが、この個別言語を生み出す「生みの親」がまさに普遍文法なのである。どんな言語にもなれる万能細胞的なもの、それが普遍文法である。

4.2 音楽の普遍文法

「全全半全全全半」をリピートすると何が見える？

さて、普遍文法についてざっくりとわかったところで、音楽にも普遍文法に相当するものがないか考えてみよう。第３章で長調と短調の音の並びについて見た。長調と短調は、次のような音の並びをしていた。

(6) 長調の音の配列
全全半全全全半

(7) 短調の音の配列
全半全全半全全

音楽における普遍文法のようなものを探るにあたり、まずは、長調の音の配列(6) を何回か繰り返してみよう。

(8) 長調の音の配列の繰り返し（音の配列の間に空白を入れた場合）
全全半全全全半 全全半全全全半 全全半全全全半 全全半全全全半

(8) では、長調の音の配列「全全半全全全半」が４回繰り返されているが、余白部分を詰めると次のようになる。

(9) 長調の音の配列の繰り返し（音の配列の間に空白を入れない場合）
全全半全全全半全全半全全全半全全半全全全半全全半全全全半

上の音の配列をじっと見ていると何かが見えてこないだろうか。よく見るとわかるように、次に示すように、短調の音の配列を見出すことができる。

(10) 長調の音の配列の繰り返し（短音階が四角で囲まれている）
全全半全全 [全半全全半全全] [全半全全半全全] [全半全全半全全] 全半

なんと、長調の中に短調があるのだ。

「全半全全半全全」をリピートすると何が見える？

今度は、短調の音の配列（7）を何回か繰り返してみよう。

(11)　短調の音の配列の繰り返し（音の配列の間に空白を入れた場合）
　　全半全全半全全 全半全全半全全 全半全全半全全 全半全全半全全

(11) では、短調の音の配列「全半全全半全全」が4回繰り返されているが、余白部分を詰めると次のようになる。

(12)　短調の音の配列の繰り返し（音の配列の間に空白を入れない場合）
　　全半全全半全全全半全全半全全全半全全半全全全半全全半全全

上の音の配列をじっと見ていると何かが見えてこないだろうか。よく見るとわかるように、次に示すように、長調の音の配列を見出すことができる。

(13)　短調の音の配列の繰り返し（長音階が四角で囲まれている）
　　全半 [全全半全全全半] [全全半全全全半] [全全半全全全半] 全全半全全

なんと、短調の中に長調があるのだ。

長調は短調で、短調は長調

長調の中に短調があり、短調の中に長調がある。つまり、ある意味、長調は短調であり、短調は長調であるのだ。全音（全）と半音（半）の配列に何を見い出すのかがパラメータ化されているともいえる。つまり、「全全半全全全半」というかたまりを見るのか、それとも「全半全全半全全」というかたまりを見るのかがパラメータ化されているといえるのだ。たんなる全音と半音の配列に「全全半全全全半」というかたまりを見い出すようにパラメータがセッティングされると、そこに長調を見い出すことになり、「全半全全半全全」というかたまりを見い出すようにパラメータがセッティングされると、そこに短調を見い出すことになるのである。パラメータのセッティング次第でまったく別のものを見い出すことになるのである。

普遍文法にはパラメータがあり、そのパラメータの設定次第で、日本語タイプの言語（主要部末端言語）と英語タイプの言語（主要部先頭言語）の２つのタイプの言語を生み出すことができる。同じことが音楽にもいえるのだ。音楽にもパラメータがあり、そのパラメータの設定次第で、明るい感じの曲（長調の曲）と暗い感じの曲（短調の曲）の２つのタイプの曲を生み出すことができるのである。

こじつけのように見えるかもしれないが、言語と音楽の間に、そして文法理論と音楽理論の間に、似たようなメカニズムを見ることができる。いや、見出すことができる。見ようとしないと見えない類似点ではあるが、この類似点が、もしかしたら、言語と音楽の本質の「何か」を示してくれているのかもしれない。そして、人間の本質である「何か」を意味しているのかもしれないのだ。

コラム

音階はあるものではなく見つけるもの

コラム「教会旋法：長音階と短音階以外の音階」で見たように、かつては次の７つの音階（旋律）があった。

(i) a. アイオニアン旋法（長音階）の音の配列
　全全半全全全半
b. ドリアン旋法の音の配列
　全半全全全半全
c. フリジアン旋法の音の配列
　半全全全半全全
d. リディアン旋法の音の配列
　全全全半全全半
e. ミクソリディアン旋法の音の配列
　全全半全全半全
f. エオリアン旋法（短音階）の音の配列
　全半全全半全全
g. ロクリアン旋法の音の配列
　半全全半全全全

これらの音階であるが、灯台下暗しで、実は、身近なところにある。それはどこかというと、いわゆるドレミファソラシド（CDEFGABC）である。

アイオニアン旋法（長音階）は、第2章で詳しく見たように、CDEFGABCにある。では、ドリアン旋法はいったいどこにあるのだろうか。実は、DEFGABCDにあるのだ。DEFGABCDの隣り合う音の間隔を見てみるとわかるように、(ib）の音の配列になっている。同じように、隣り合う音の間隔を調べてみるとわかるように、フリジアン旋法はEFGABCDEにあり、リディアン旋法はFGABCDEFにあり、ミクソリディアン旋法はGABCDEFGにあり、エオリアン旋法（短音階）はABCDEFGAにあり、最後ロクリアン旋法はBCDEFGABにある。

ピアノの白鍵だけを使って演奏するにしても、たとえば、Dの音から演奏を始めDの音で演奏を終え、さらに途中、Dのロングトーンを何回か奏でれば、その曲はドリアン旋法でつくった曲だと感じられる。同じように、Eの音から演奏を始めてEの音で演奏を終え、さらに途中、Eのロングトーンを何回か奏でれば、その曲はフリジアン旋法でつくった曲だと感じられる。

音階とは、実は、聞く人の認識の問題でもあるのだ。耳に入ってくる音をどう捉え、どう認識するのか、それによって見えてくる音階（曲の景色）が変わってくる。音階はすでにあるものというよりは見つけるものであるのだ。

4.3 日本語の中に英語があり、その逆もしかり

わざわざ動かす英語、そうでない日本語

長調の中に短調があり、短調の中に長調があるように、実は、日本語の中にも英語があり、英語の中にも日本語がある。つまり、日本語の中にも英語の特性を見出すことができれば、その逆もあるのである。そのことを示す例を1つだけ紹介しよう。

次の日本語を見てもらいたい。

（14） 太郎がギターを買った。

この文で「ギターを」を問う文をつくるとどうなるであろうか。次の（15）のようになる。

（15） 太郎が何を買ったの？

「ギターを」を「何を」にして、文の最後に「の」をつければいい。文の最後を上昇調で発音すれば「の」はなくてもかまわない。なお、「何を」は、（15）に見られるように、（14）で「ギターを」があった位置にあってかまわない。（16）のようにわざわざ文頭にもってくる必要はない。

（16） 何を太郎が買ったの？

つまり、「何を」はもともとあった目的語の位置にあればよく、わざわざ文頭にもってくる必要はない。

では、これらのことを踏まえて、（14）の英語訳の（17）を見てみよう。

（17） Taro bought a guitar.

この文で a guitar を問いたいときどんな文にしたらいいだろうか。a guitar を what にしただけでは、次の（18）がダメなことからわかるように、不十分である。

（18） Taro bought what?

（18）はエコー疑問文としてならば許されるが、（17）の a guitar を問う文としては許されない。その点、日本語の（15）と英語の（18）は対照的である。（17）の a guitar を問うためには、a guitar を what にし、それを、（19）に見られるように、文頭にまでもってこないといけない（し、いわゆる主語と助動詞の倒置も起こさないといけない）。

（19） What did Taro buy?

つまり、英語では、日本語の場合とは異なり、what をわざわざ文頭にまでもってこないといけないのだ。

日本語では、目的語となるものを人に尋ねたいとき、それをその場所で「何を」にするだけでいいが、英語では what にして、それをわざわざ文頭にまでもってこないといけない。なるほど、英語では、what のような語を目に見える形で文頭にもってこないといけないが、日本語ではその必要がない。でも、「普遍文法とは何か」という問いを深く考えていくと、日本語では、どうも、目には見えない形で、「何を」のような語が文頭にまで移動していると考えざるをえないのである。

目には見えない形で移動させるって……

目には見えない形で「何を」のような語が文頭に動いている……これはいったいどういうことなのだろうか。次の文を見てもらいたい。

(20) 佐藤さんは 鈴木さんが何を買ったと 言いましたか？

この問いに対して次のように答えたらどう感じるだろうか。

(21) a. はい、言いましたよ。
b. いいえ、言いませんでしたよ。

答えとしてかなり違和感があると思う。違和感というより物足りなさを感じるかと思う。「聞かれたことにちゃんと答えてもらっていない」感がハンパないかと思う。

一方、次のように答えられたらどうだろうか。

(22) ギターです。

この場合は何ら不平も不満もないであろう。質問したことに対してちゃんと答えてもらっていると感じられる。

今度は、次の文を見てもらいたい。

(23) 佐藤さんは 鈴木さんが何を買ったか 言いましたか？

この問いに対して次のように答えたらどうだろうか。

(24) a. はい、言いましたよ。

b.　いいえ、言いませんでしたよ。

この場合、(20) のときとは違って、(24a, b) は質問に対する答えとして適切だと感じられるであろう。聞いたことに対してちゃんと答えてもらっている感じがするであろう。

一方、次のように答えられたらどうだろうか。

(25)　ギターです。

「言ったかどうか、オレはそれを知りたいんだよ！」と思われるであろう。さらにいうと、「そう答える前に、まずは「はい、言いましたよ」と言えよ…ったく。人の話ちゃんと聞けよ……」と思うことであろう。質問に対してストレートに答えてくれていないという点では、(20) の質問に対する (21) の答えとおなじぐらい (25) に違和感を感じるであろう。

(20) と (23) をあらためて見比べてもらいたい。

(20)　佐藤さんは 鈴木さんが何を買った**と** 言いましたか？
(23)　佐藤さんは 鈴木さんが何を買った**か** 言いましたか？

これら 2 つの文は 1 箇所を除いて他はすべて同じである。その 1 箇所とは「鈴木さんが何を買った {**と**／**か**}」の {**と**／**か**} である。つまり、従属接続詞のところである。たった 1 文字、しかも従属接続詞が違うだけで、求められる答えがまったく違ってくるのだ。このようなことがなぜ起きるのだろうか。この問題は、実は、非常に難しい問題で、理論言語学を深く学ばないと解けない問題である。

個別言語は普遍文法を親にもつ

どうしたらこの難問を解くことができるのだろうか。目に見える形で起きている英語の移動が、日本語では目に見えない形で起きていると考えると解くことができるのである。つまり、頭の中で、さらにいうと無意識のレベルで、(20) や (23) にある「何を」が、(19) の英語 (＝What did Taro buy?) に見られるように、文頭に移動していると考えるのである。このように考えると、具体的な分析は割愛させてもらうが、(20) と (23) の問題をスマートに解くことができるのだ。そして、このような考え方をすると、他にもいろんな問題がシンプルかつエレガントに解くことができるのである。

日本語と英語には同じような文法がある。ただし、いつ・どのタイミングで使われるのかに違いがある。なぜ、日本語と英語には同じような文法があるのだろうか。それは、日本語と英語の「親」が同じであるからだ。つまり、日本語と英語は、そしてヒトの言語ならどれも、普遍文法をもっているからだ。各個別言語の違いは、まさに、文法がいつ・どのタイミングで使われるかの違いとパラメータのセッティングの違いに他ならないのだ。

ヒトの言語には普遍文法という文法しかなく、それが具体的な形となって現れたのが、私たちが目にすることができる日本語や英語や韓国語や中国語なのである。私たちが目にできる文法は、英文法や日本語文法のような個別文法であり、普遍文法は直接目にすることができない。なぜならば、普遍文法は個別言語の奥深くに静かに潜んでいるからだ。

日本語の中に英語があり、英語の中に日本語がある。なぜならば、日本語も英語も普遍文法をもとにつくられているからだ。つまり、普遍文法にあらかじめ備え付けられている部品をもとに日本語と英語はつくられているからだ。同じように、音楽でも、長調の中に短調があり、短調の中に長調がある。それは、おそらく、音楽にも普遍文法のようなものがあり、短調も長調も、音楽版普遍文法にあらかじめ備え付けられている部品をもとにつくられているからだ。次の章では、この音楽版普遍文法ともよべるものをさらに掘り下げていく。

コラム

音価とBPM

どれくらい音を伸ばすかが､実は､音楽ではとても重要である｡ロングトーンで奏でれば憂愁を表現することができるし、カッティングがうまいとグルーヴ感を出すことができる。ただ、音楽では音の長さを秒や分で表すことはない。音価で表す。曲のテンポは｢1分にどのくらい拍が入るか｣といったBPM（Beats Per Minute）で表すのだ。

「4分の4拍子の楽曲で120BPMの1小節は何秒か」という問いについて考えてみよう。BPMが120だから､60秒÷120拍＝0.5秒で1拍は0.5

秒になる。4分の4拍子なので1小節は4拍になる。よって、0.5秒×4拍ということで、1小節は2秒の時間を要することになる。したがって、バンドのみんなが1小節を2秒で演奏すればばっちり合うことになる。ただ、それだと打ち込みと変わらないが……

BPMは簡単に計算することができる。たとえば、4分の4拍子で16小節演奏するのに20秒かかったとしよう。その場合、4分の4拍子を16小節演奏したのだから、16小節×4拍で64拍演奏したことになる。この時、1拍分の長さは20秒÷64拍となり0.3125秒になる。1分に0.3125秒は192個ある。よってBPMは192になる。ほら簡単。

5 音楽の転調と言語の転調

5.1 同主調と平行調

同主調：日本語と英語のような関係

第 3 章で見たように、長調と短調の間には次のような関係がある。

(1) 長調の 3 番目の音と 6 番目の音と 7 番目の音を半音下げると短調になる。

(1) はたんなる仮説ではなく、1 つの例外もないことから、(1) は音楽理論における 1 つの原理ともいえる。次に見られる長調と短調の関係は、どれも、この原理によって捉えることができる。

(2) ハ長調の構成音
C D E F G A B C

(3) ハ短調の構成音
C D E♭ F G A♭ B♭ C

(4) ニ長調の構成音
D E F# G A B C# D

(5) ニ短調の構成音
D E F G A B♭ C D

(6) ホ長調の構成音
E F# G# A B C# D# E

(7) ホ短調の構成音
E F# G A B C D E

これらに見られる長調と短調の関係は「同主調」とよばれる。つまり、基準となる音が同じで調が異なるもの、これを同主調とよぶのである。同主調の関係にあるものを転調で使うと曲調がガラッと変わる。たとえば、ハ長調の曲の途中でハ短調を使うと、たんに曲調が暗くなるだけでなく、曲全体のイメージが劇的に変わる。言語にたとえていうと、日本語をしゃべっている途中でいきなり英語でしゃべり始めるようなものである。

同主調を使って転調するとなぜ曲調がドラスティックに変わるのだろうか。それは、同主調の関係にある2つの調の構成音が違うからだ。たとえば、ハ長調で使われる音「C D E F G A B C」とハ短調で使われる音「C D E♭ F G A♭ B♭ C」を比べるとわかるように、3番めの音と6番目の音と7番目の音が違う。これは、言うまでもなく、(1) によるものであるが、同じことがニ長調とニ短調の2つにもいえ、ホ長調とホ短調の2つにもいえる。

同主調の関係にある2つの調は、コンピュータにたとえると、まさにOS(オペレーションシステム)が違うようなものである。だからこそ、言語にたとえると、主要部末端型の日本語から主要部先頭型の英語にいきなり変わるのと同じ感じがするのである。

ハ長調とイ短調

では、同主調を使ったときのようなドラスティックな転調ではなく、マイルドな転調を演出したいときはどうしたらよいのだろうか。そういった時に使うのが「平行調」である。

平行調の関係にある調には、たとえば、ハ長調(Cメジャー)とイ短調(Aマイナー)がある(以下、説明の便宜上、オクターブ高い主音を省く)。

(8) ハ長調の音の配列
C D E F G A B

(9) イ短調の音の配列
A B C D E F G

ハ長調の構成音を鍵盤を使って表すと次のようになる(第2章参照)。

（10） ハ長調で使われる鍵盤

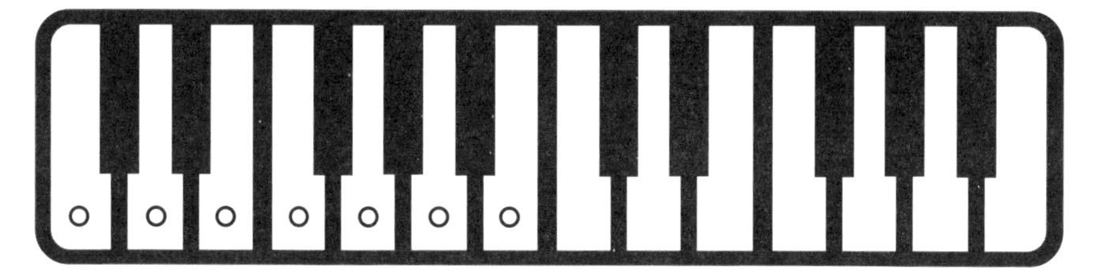

同じようにイ短調を構成する音を鍵盤を使って表すと次のようになる。

（11） イ短調で使われる鍵盤

上の鍵盤のイラストを見れば一目瞭然、ハ長調とイ短調はその構成音がまったく同じである。ちなみに、今さら言うまでもないことだが、ハ長調はハの音（つまりＣ／ド）をスタートにして次のルールに従って音が配列されたものであり、

（12） 長調の音の配列
全全半全全全半

イ短調は、イの音（つまりＡ／ラ）をスタートにして次のルールに従って音が配列されたものである。

（13） 短調の音の配列
全半全全半全全

鍵盤（10）と（11）を見てあらためてこのことを確認してもらいたい。

これらのことからわかるように、平行調の関係にある２つの調は、構成音がまったく同じであるのにかかわらず、一方は明るい感じの音の調べであるのに対し、もう一方は暗い感じの音の調べである。平行調の関係にある調は、構成音がまったく同じであるからこそ、平行調を転調で使うとマイルドな変化が感じられるのだ。

ニ長調とロ短調

同じことが、ニ長調（D メジャー）とロ短調（B マイナー）にもいえる。

(14)　ニ長調の構成音
　　　D E F# G A B C#
(15)　ロ短調の構成音
　　　B C# D E F# G A

ニ長調を構成する音を鍵盤を使って表すと次のようになり、

(16)　ニ長調で使われる鍵盤

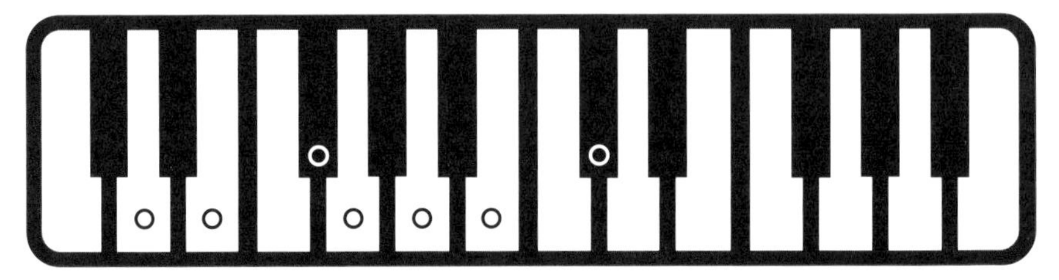

ロ短調を構成する音を鍵盤を使って表すと次のようになる。

(17)　ロ短調で使われる鍵盤

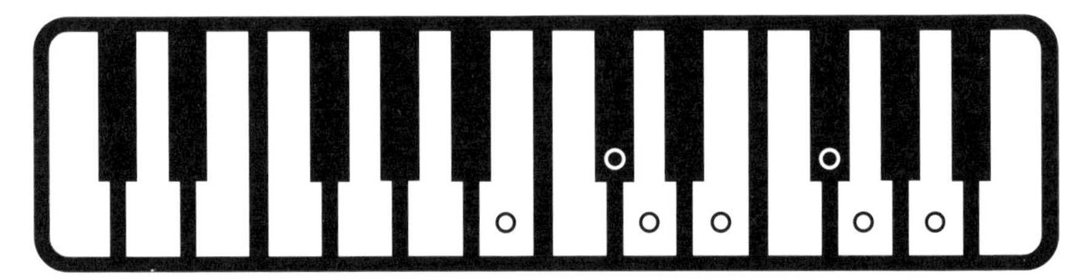

これら 2 つの鍵盤を見比べるとわかるように、ニ長調とロ短調では使われる音がまったく同じである。平行調の関係にあるニ長調とロ短調でも、使われている音がまったく同じであるのにもかかわらず、一方は明るい感じの音の調べで

あるのに対し、もう一方は暗い感じの音の調べである。そして、ニ長調とロ短調は構成音が同じであるがゆえ、たとえば、ロ短調の曲でニ長調に転調してもマイルドな変化しか感じられない。

ホ長調と嬰ハ短調

もう１つだけ平行調の関係にある２つの調を見てみよう。今度は、ホ長調（Eメジャー）と嬰ハ短調（C# マイナー）について見てみよう。ホ長調はホの音（つまりＥ／ミの音）をスタートに、次のルールに従って音が並べられたものである。

(18)　長調の音の配列
　　　全全半全全全半

よって、ホ長調は、鍵盤を使って表すと次のような音の配列になり、

(19)　ホ長調で使われる鍵盤

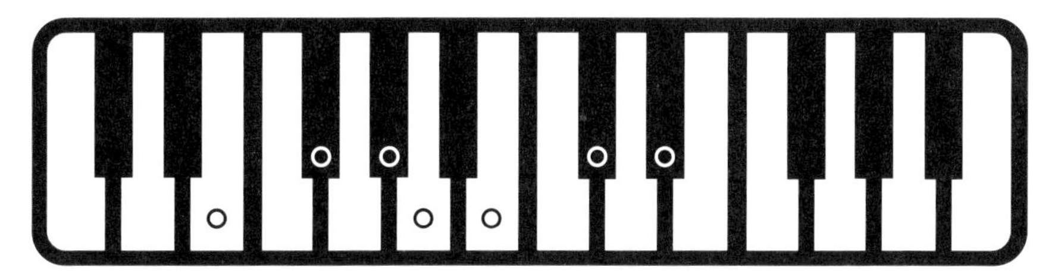

音名を書き表すと次のようになる。

(20)　ホ長調の構成音
　　　E F# G# A B C# D#

次に、ホ長調と平行調の関係にある嬰ハ短調について見てみよう。嬰ハ短調の「嬰」とは「シャープ」すなわち＃のことである。よって、嬰ハ短調は、C#つまりドのシャープを基点に、次のルールに従って並べられたものである。

(21)　短調の音の配列
　　　全半全全半全全

したがって、嬰ハ短調は、鍵盤を使って表すと次のような音の配列になり、

(22) 嬰ハ短調で使われる鍵盤

音名を書き表すと次のようになる。

(23) 嬰ハ短調の構成音
C# D# E F# G# A B

(20) と (23)、そして (19) と (22) を見比べるとわかるように、ホ長調と嬰ハ短調では使われる音がまったく同じである。平行調の関係にあるホ長調と嬰ハ短調でも、使われている音がまったく同じであるのにもかかわらず、一方は明るい感じの音の調べであるのに対して、もう一方は暗い感じの音の調べである。そして、ホ長調と嬰ハ短調は構成音が同じであるがゆえ、たとえば、ホ長調の曲で嬰ハ短調に転調してもマイルドな変化しか感じられない。

コラム

カラオケとトランスポーズとカポタスト

カラオケで曲のキーが自分に合わないとき、自分の声に合うように、[+] や [−] のボタンを押して音の高さを調整するかと思う。たとえば、カラオケのキーが低すぎてうまく歌えないときは、[+2] のボタンを押してキーを半音 2 つ分 (つまり全音分) 高くしたりする。キーが C の曲 (ハ長調の曲) だと、[+2] のボタンを押すとキーが D の曲 (ニ長調の曲) になる。つまり、(i) の音階で演奏されていたものが、

(i) ハ長調 (キー C) の音階
C D E F G A B C

[+2] のボタンを押すことにより、次の（ii）の音階で演奏されることになる。

（ii） ニ長調（キー D）の音の配列
　　D E F# G A B C# D

このようにキーを変えることを移調というが、DTM ならトランスポーズを使えば一発で移調することができる。ギターならカポタストを使えば簡単に移調できる。男は思春期になると声変わりをする。これは、ある意味、カラオケで [−] のボタンを２つ３つ押すようなものである。

5.2 平行調から探る音楽の普遍性

平行調：日本語と韓国語のような関係

平行調の関係にある２つの調は構成音がまったく同じである。にもかかわらず、片方は明るい感じの調べでもう片方は暗い感じの調べである。でも、２つの調の構成音は同じなこともあり、たとえば、ハ長調の曲でイ短調に転調しても「ちょっと曲調が暗くなったかな……」と感じる程度で劇的な変化を感じることはない。言語でたとえると、日本語で話していて突然韓国語で話すようなものである。というのも、韓国語は日本語と同じで主要部末端言語であり、文法が日本語とほとんど変わらないからだ。

同主調から探る音楽の普遍性

さて、第４章で同主調をもとに音楽の普遍性について触れたが、その際、話の出発点にあったのが次の「全」と「半」の列であった。

(24) 「全」と「半」の羅列
　　全全全半全全半全全全半全全半全全全半全全半全全全半全全半全全全半…

この列の中に、次に示されるように、長調の配列「全全半全全全半」と短調の配列「全半全全半全全」を見出したのであった。

(25)　長調の音の配列

全全全半 全全半全全全半 全全半全全全半 全全半全全全半 全全半全全全半 …

(26)　短調の音の配列

全全 全半全全半全全 全半全全半全全 全半全全半全全 全半全全半全全 全半…

「全」と「半」の列の中に何を見出すのかが一種のパラメータとなっていて、長調と短調の背後にある音楽の普遍性の存在に探りを入れたのだった。

平行調から探る音楽の普遍性

同じような話を平行調をもとにしてもできる。次のハ長調の構成音を何回か連続させてみよう。

(27)　ハ長調の構成音

C D E F G A B

次の（28）では（27）を4回繰り返している。

(28)　ハ長調の構成音の繰り返し

C D E F G A B C D E F G A B C D E F G A B C D E F G A B C…

上の音の連続には、当たり前ではあるが、次に見られるように、ハ長調の音階（C D E F G A B）の連続を見つけることができる。

(29)　ハ長調の音階の連続

C D E F G A B C D E F G A B C D E F G A B C D E F G A B C…

でも、それと同時に、次に見られるように、イ短調の音階（A B C D E F G）の連続も見つけることができる。

(30)　イ短調の音階の連続

C D E F G A B C D E F G A B C D E F G A B C D E F G A B C…

たんなる音の羅列の中に、長調の音階（長音階）と短調の音階（短音階）を見い出すことができるのである。

今度は、次の二長調の構成音を何回か連続させてみよう。

(31)　二長調の構成音
　　D E F# G A B C#

次の（32）では（31）が4回繰り返されているが、

(32)　二長調の構成音の繰り返し
　　D E F# G A B C# D E F# G A B C# D E F# G A B C# D E F# G A B C#…

上の音の連続の中に、当たり前ではあるが、次に見られるように、二長調の音階 (D E F# G A B C#) の連続を見つけることができる。

(33)　二長調の音階の連続
　　[D E F# G A B C#] [D E F# G A B C#] [D E F# G A B C#] [D E F# G A B C#]…

でも、それと同時に、次に見られるように、ロ短調の音階の連続（B C# D E F# G A）も見つけることができる。

(34)　ロ短調の音階の連続
　　D E F# G A [B C# D E F# G A] [B C# D E F# G A] [B C# D E F# G A] B C#…

たんなる音の羅列の中に、長音階と短音階を見い出すことができるのである。音の連続に対して長調の音階を見い出すのか、それとも短調の音階を見い出すのかは、まさに、パラメータ化されているともいえる。

コラム

ヘプタトニック・スケールとペンタトニック・スケール

　これまで教会旋法を含め7つの音階について見てきた(コラム「教会旋法：長音階と短音階以外の音階」と「音階はあるものではなく見つけるもの」を参照)。どの音階も7つの音から構成されているが、5つの音から構成される音階もある。ちなみに、7つの音からなる音階をヘプタトニック・スケールというのに対し、5つの音からなる音階をペンタトニック・スケールという。

　日本の音楽というと演歌があるが、演歌は、実は、ペンタトニック・スケールでつくられている。演歌は暗い曲調ということもあり、演歌では短調のマイナーキーが使われるが、マイナーキーのヘプタトニック・スケールの4番目の音と7番目の音を抜いた5つの音だけで演歌はつくれてしまうのである。これを「ヨナ抜き」という。たとえば、イ短調（Am）の構成音はＡＢＣＤＥＦＧだが、この7つの音から4番目と7番目の音であるＤとＧを抜いたＡＢＣＥＦを使うだけで演歌がつくれてしまうのだ。

日本固有の音楽というと、演歌のほかに沖縄音楽がある。沖縄音楽は演歌と違って曲調が明るい。よって、沖縄音楽では長調のメジャーキーが使われるが、メジャーキーのヘプタトニック・スケールの2番目と6番目の音を抜いた5つの音だけで沖縄音楽が演奏できてしまうのである。たとえば、ハ長調（C）の構成音はCDEFGABだが、この7つの音から2番目と6番目の音であるＤとＡを抜いたCEFGBだけで沖縄の音楽がつくれてしまうのだ。

日本古来の音楽というと、ほかには民謡や雅楽があるが、これらもペンタトニック・スケールで演奏される。どうも、日本古来の音楽と西洋の音楽は、ヘプタトニック・スケールを選ぶかペンタトニック・スケールを選ぶかで違いがあるようだ。もしかしたら、これも、何かしらのパラメータで捉えることができるかもしれない。

5.3　言語の前後パラメータと音楽の長短パラメータ

文法理論と音楽理論をとりもつパラメータという考え方

第4章で見たように、言語を獲得する前の赤ちゃんの脳では、パラメータがニュートラルな状態にある。

(35)　生まれたばかりの赤ちゃん：「中心となるもの」パラメータはニュートラル

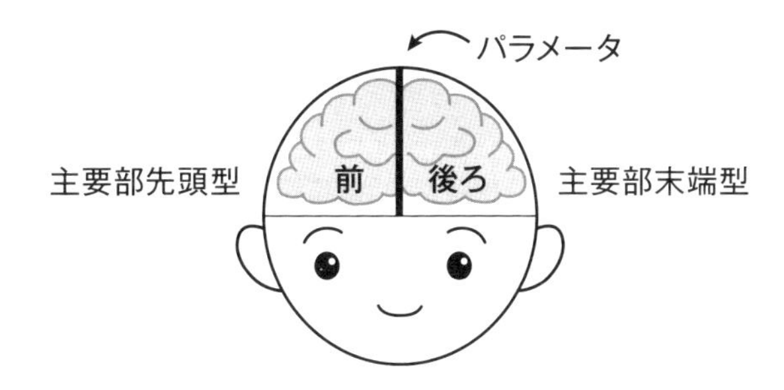

あくまでも理論的なレベルの話ではあるが、音楽だと、(35) に相当するのが (24) や (28) のようなものだといえる。(24) と (28) を下に繰り返す。

(24)　「全」と「半」の羅列
　　全全全半全全半全全全半全全半全全全半全全半全全全半全全半全全全半…

(28)　ハ長調の構成音の繰り返し
　　C D E F G A B C D E F G A B C D E F G A B C D E F G A B C…

　言語では、第 4 章で見たように、「中心となるもの」を決めるパラメータが「前」に設定されると (36) になり、「後」に設定されると (37) になる。

(36)　英語ネイティブ：「中心となるもの」パラメータが「前」に設定

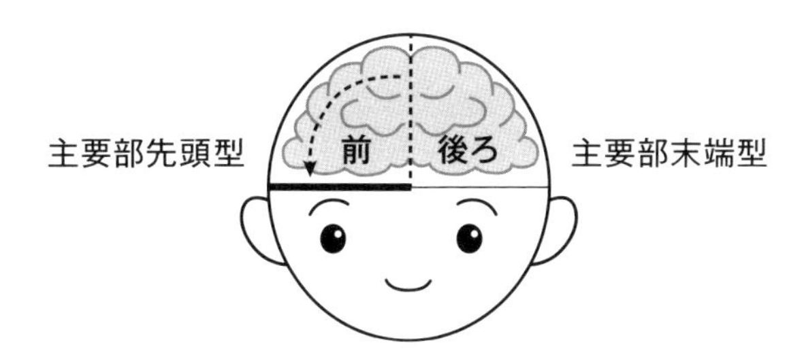

(37)　日本語ネイティブ：「中心となるもの」パラメータが「後ろ」に設定

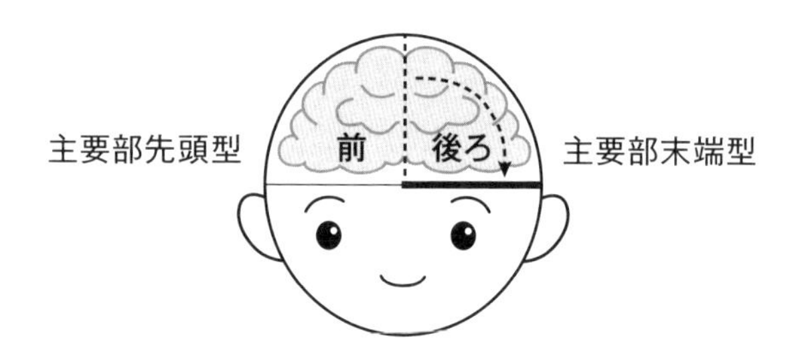

同じように、音楽にも長短に関するパラメータがあり、そのパラメータが「長」に設定されると（38）や（39）になり、「短」に設定されると（40）や（41）になるのである。

(38)　長音階の連続

全全全半 全全半全全全半 全全半全全全半 全全半全全全半 全全半全全全半 …

(39)　ハ長調の音階の連続

C D E F G A B C D E F G A B C D E F G A B C D E F G A B C…

(40)　短音階の連続

全全 全半全全半全全 全半全全半全全 全半全全半全全 全半全全半全全 全半…

(41)　イ短調の音階の連続

C D E F G A B C D E F G A B C D E F G A B C D E F G A B C…

言語と音楽にパラメータという視点を取り入れると、無理矢理にではあるが、言語と音楽のシステムに何らかの共通点を見いだすことができる。文法理論と音楽理論の接点がちょっとは見えてきたところで、次章では、和音（コード）と言語の構造（統語構造）について見ていきたい。そして、アナロジー思考で文法理論と音楽理論の相関性ならびに類似点をさらに探っていきたい。

6 音楽も言語も基本パーツは３つ

6.1　音と音の距離

度：音楽の距離の単位

全音と半音、この２つはこれまでの話からもわかるように、音楽理論を知るにあたっては必須の概念であり、楽曲を分析する上での便利なツールでもある。全音も半音も音楽における距離のことであり、２つの音がどの程度離れているかを表している。

第２章で見たように、全音は半音２つ分の距離を表し、半音は半音１つ分の距離を表す。具体的に見てみると、C の音を基準にすると、C# が C と半音の距離にあり、D が C と全音の距離にある。

（1）　C を基準にした半音と全音の距離

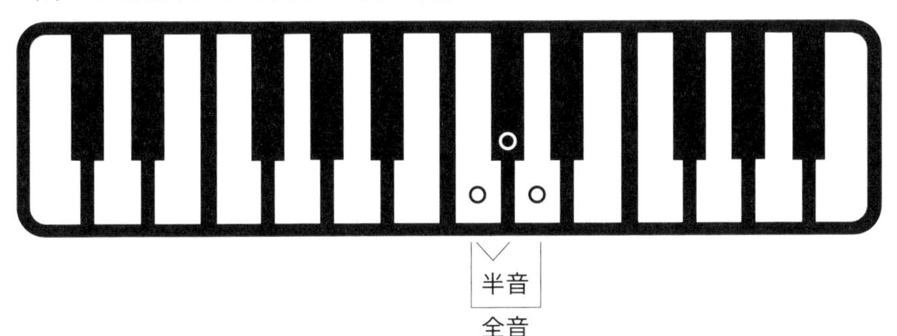

同じように、D を基準にすると、D# が D と半音の距離にあり、E が D と全音の距離にある。

(2) Dを基準にした半音と全音の距離

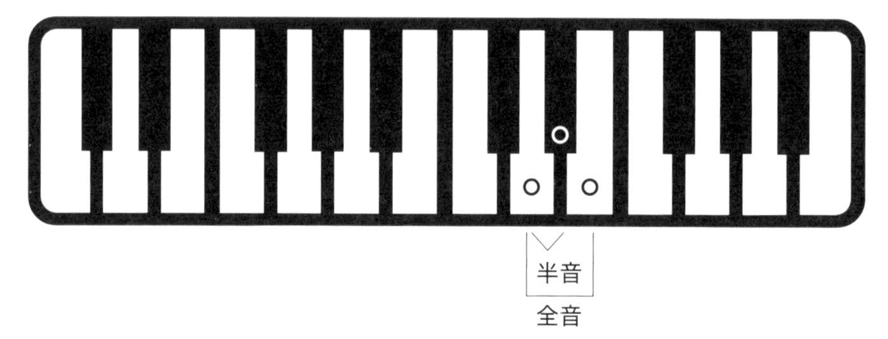

全音の距離を長2度とよび、半音の距離を短2度とよぶことは第2章で見た。半音2つ分の距離を長2度とよび半音1つ分の距離を短2度とよぶのである。このことからわかるように、「度」とは音楽における距離の単位のことである。

0なのに1：半音0個分なのに完全1度

半音より短い距離というと、基準となる音と同じ音になるが、この距離を完全1度という。半音0個分なので距離的にはゼロであるが完全1度という。ここが音楽の距離を考えるにあたって非常にまぎらわしいところであるが、これは「そういうものだ」として受け入れてもらうしかない。

ここまでの話をまとめると、半音0個分の距離を完全1度といい、半音1個分の距離を短2度といい、半音2個分の距離を長2度という。では、半音3個分の距離は何というのだろうか。これを短3度という。そして、半音4個分の距離を長3度という。たとえば、Eを基準にすると、GがEと短3度の距離にあり、G#がEと長3度の距離にある。

(3)　E を基準にした短 3 度と長 3 度の距離

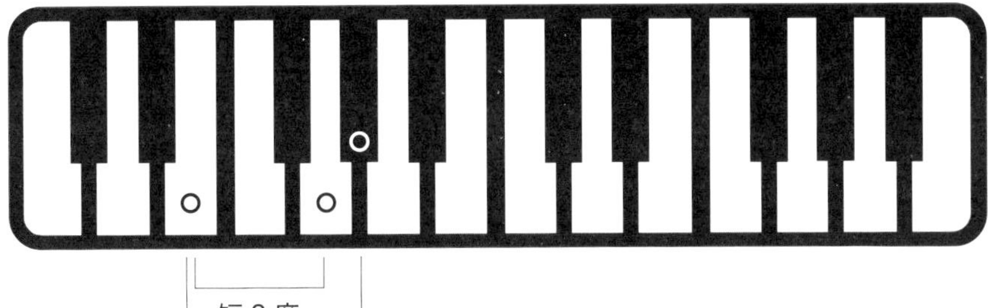

これまでの話をまとめると次のようになる。

(4)　完全 1 度から長 3 度までの距離

半音の数	距離の名称
0	完全 1 度
1	短 2 度
2	長 2 度
3	短 3 度
4	長 3 度

完全 4 度と完全 5 度の間に増 4 度なんてものがある

では、半音 5 個分の距離は何というのだろうか。完全 4 度という。そして、半音 6 個分の距離を増 4 度といい、半音 7 個分の距離を完全 5 度という。具体的にいうと、基準となる音を F とすると、A# が F と完全 4 度の距離にあり、B が F と増 4 度の距離にあり、C が F と完全 5 度の距離にある。

(5)　F を基準にした完全 4 度と増 4 度と完全 5 度の距離

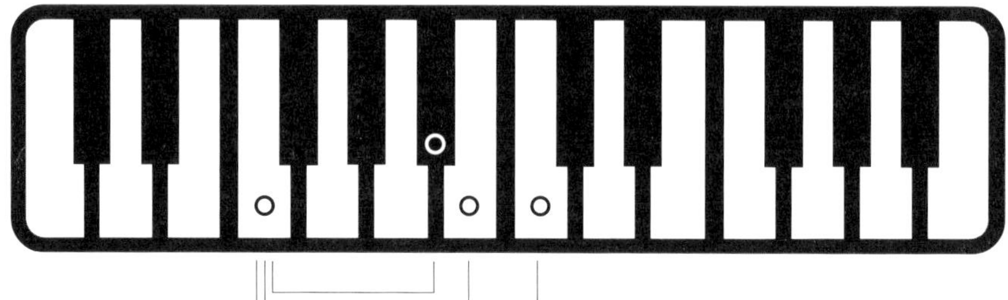

これまでの話をまとめると次のようになる。

(6)　完全 1 度から完全 5 度までの距離

半音の数	距離の名称
0	完全 1 度
1	短 2 度
2	長 2 度
3	短 3 度
4	長 3 度
5	完全 4 度
6	増 4 度
7	完全 5 度

短 6 度と長 7 度

半音 8 個分の距離は何というのだろうか。短 6 度という。そして、半音 9 個分の距離を長 6 度という。たとえば、基準となる音を G# にすると、E が G# と短 6 度の距離にあり、F が G# と長 6 度の距離にある。

(7)　G# を基準にした短 6 度と長 6 度の距離

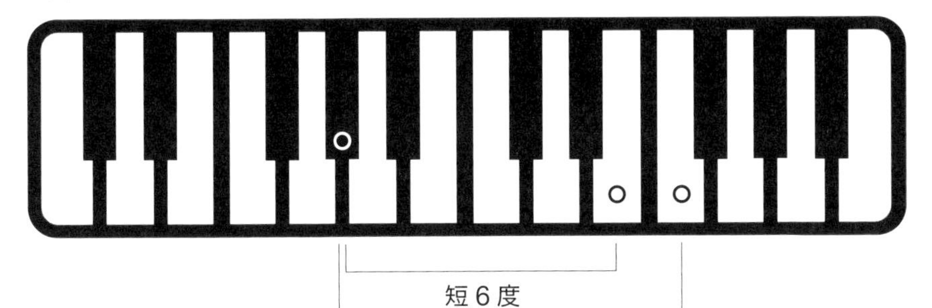

これまでの話をまとめると次のようになる。

(8)　完全 1 度から長 6 度までの距離

半音の数	距離の名称
0	完全 1 度
1	短 2 度
2	長 2 度
3	短 3 度
4	長 3 度
5	完全 4 度
6	増 4 度
7	完全 5 度
8	短 6 度
9	長 6 度

完全 8 度とは 1 オクターブのこと

1 オクターブ内に半音は 12 個ある。これまで半音 9 個分までの距離について見た。残りはあと 3 つだ。では、残り 3 つを一気に見ていこう。まず、半音 10 個分の距離について見てみよう。半音 10 個分の距離を短 7 度という。そして、半音 11 個分の距離を長 7 度という。このあたりの長と短の距離感は、すでに見た短 2 度と長 2 度のペアや短 3 度と長 3 度のペア、そして短 6 度と長 6 度のペアと同じである。ポイントは、長より半音１つ分少ないのが短ということだ。最後、半音 12 個分の距離であるが、これはもうおわかりのように、１オクターブである。この１オクターブを別の言い方で完全８度という。具体的にいうと、基準となる音を B とすると、A が B と短７度の距離にあり、A# が B と長７度の距離にあり、１オクターブ違う２つの B は完全８度の距離にある。

(9) B を基準にした短７度と長７度と完全８度の距離

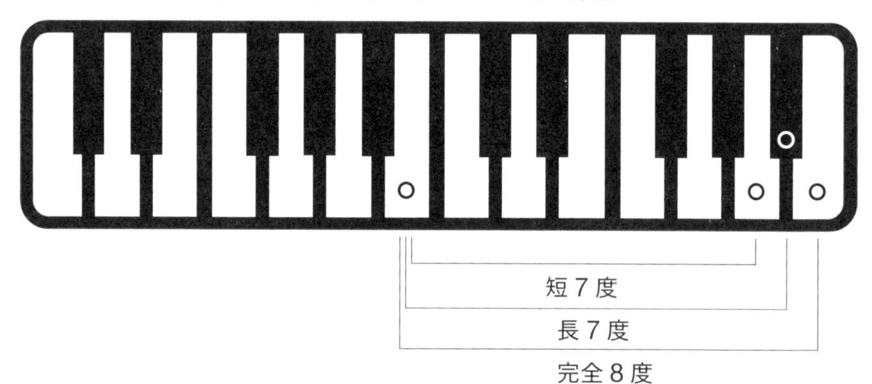

これまでの話をまとめると次のようになる。

(10) 完全１度から完全８度までの距離

半音の数	距離の名称
0	完全１度
1	短２度
2	長２度
3	短３度
4	長３度
5	完全４度
6	増４度
7	完全５度
8	短６度
9	長６度
10	短７度
11	長７度
12	完全８度

数字、それは音楽理論の強み

これまで1オクターブ内の音と音の距離の名称についてざっくりと見てきた。なぜこんなことをしたのか。それは、この音と音の距離を理解しないと、このあと説明する和音（コード）の仕組みが理解できないからだ。そして、このコードの仕組がわからないと、言語の構造と音楽の構造のディープな関係が見えてこないからだ。

なお、これから「短3度」や「長3度」といった音楽用語を使いながらコードの仕組みについて見ていくが、説明の便宜上、必要に応じて、次に示すような略式名称を使っていく。

(11)　度数の略式名称

半音の数	距離の名称	距離の略称
0	完全1度	P1
1	短2度	m2
2	長2度	M2
3	短3度	m3
4	長3度	M3
5	完全4度	P4
6	増4度	aug4
7	完全5度	P5
8	短6度	m6
9	長6度	M6
10	短7度	m7
11	長7度	M7
12	完全8度	P8

P は perfect（完全）を意味し、m は minor（短）を意味し、M は major（長）を意味し、aug は augment（増）を意味する。

音楽理論では、ここまでの話からわかるように、数字を使って音楽のシステムが構築されている。これは想像以上に音楽理論にとっての強みであり利点である。数字を使うだけでシステムをより体系的に示すことができ、さらに、音楽を科学と捉えた場合、定量的に仮説を書くことができて反証可能性があがるからだ。つまり、音楽のシステムを科学の手続きに則って構築することができるのだ。その一方、文法理論というか理論言語学はどうかというと、理論言語学では仮説がもっぱら定性的なこともあり、科学の手続きを十分に踏まえることができず、どうしても議論が恣意的になってしまいがちである。

コラム

音楽理論における数字

CDEFGABC において、高い C は低い C から数えて 8 番目の音になる。だから 8 度の音程のことをオクターブという。でも、音楽理論ではあまり 8 という数字を見かけない。むしろ 7 という数字をよく見かける。

オクターブより高い 9 度以上の音は、その音の度数から 7 を引いた数の音と同じである。よって、9 度の音は 9−7 で 2 度の音と同じである。11 度の音も、11−7 で 4 度の音と同じである。このように、音楽理論では 8 ではなく 7 がよく出てくる。なぜなのか。それは、音楽理論では、同じ高さの 2 つの音を 0 度ではなく 1 度と表しているからだ。つまり、音楽理論には、数学とは異なり、0 という概念がないのだ。これが、ある意味、音楽理論に数学のシステムをそのまま持ち込むことができない理由の 1 つである。

6.2 「絶対必要なもの」「ないと困るもの」「なくてもかまわないもの」

トライアドコード：ルート＋ 3 度＋ 5 度

音楽の分野では、たとえば C といったら、最低でも 3 つの意味がある。1 つはキー（調）が C ということで、楽曲が（12）のハ長調の音階をベースにつくられているということだ。

（12） ハ長調（C メジャー）の音階

C D E F G A B C

2つ目は（12）の最初の音Cからわかるように、いわゆる「ド」の音のことである。この2つの意味についてはこれまですでに見てきた。では、残りの1つは何であろうか。それがコード（和音）のC（Cメジャー）である。これから、このコードのCについて見ていきたい。

5度の音はルートのブースター

コードとは、2つ以上の音が集まった「音の集まり」のことである。「2つ以上」だからコードは最低2つ音があればできる。ギターでロックな曲を弾くときによく「パワーコード」というものを使うが、このパワーコードは、ルートの音（つまりベースとなる音）とその完全5度上の音の2つの音からなる。

ルートの音になぜ完全5度の音を付け加えるのか……　それは、完全5度の音にはルートの個性をさらに引き出す働きがあるからだ。完全5度の音はルートのルートらしさを全面に押し出すブースター的な機能があるのだ。逆にいうと、パワーコードとは、コードの明暗を分ける重要な音（まさにコードのカラーとなる音）を省いたルートのパワーを全開にしたコードともいえる。

3度の音はルートに色（カラー）を添えている

では、コードの明暗を左右するのはいったい何だろうか。それが、ルートと完全5度の音の間に位置する3度の音である。3度の音には2種類あった。短3度と長3度である。もうおわかりかと思うが、短3度の音が選ばれるとそのコードは暗い感じになり、長3度の音が選ばれるとそのコードは明るい感じになる。3度の音がまさにコードのカラーを決めているのである。

ルートと3度の音と（完全）5度の音から成るコードをトライアドコードという。ここで、これまでの話を踏まえた上で、メジャーコード（つまり明るい感じがするコード）のCとマイナーコード（つまり暗い感じがするコード）のCmについて見てみよう。

CもCmも、どちらもルート音（つまりベースとなる音）がCである。そして完全5度の音はGである。さて、3度の音であるが、マイナーの時は短3度でメジャーの時は長3度である。よって、メジャーコードのCでは3度の音はEになり、マイナーコードのCmでは3度の音はE♭になる。鍵盤だと押さえる箇所はそれぞれ次のようになる。

(13)　C で使う鍵盤の箇所

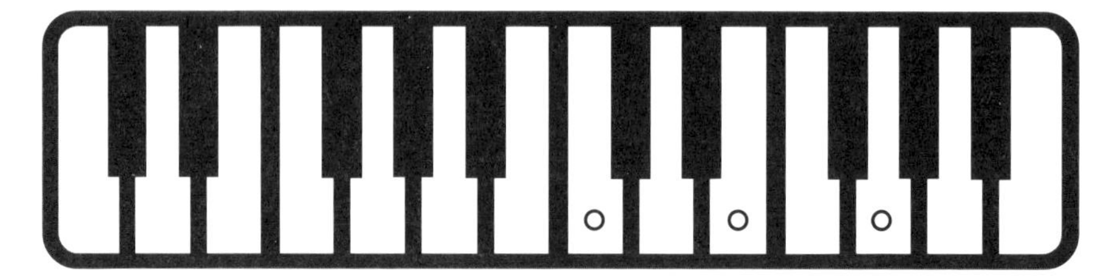

G：完全５度（ルートから半音７個分）

E：長３度（ルートから半音４個分）

C：ルート

(14)　Cm で使う鍵盤の箇所

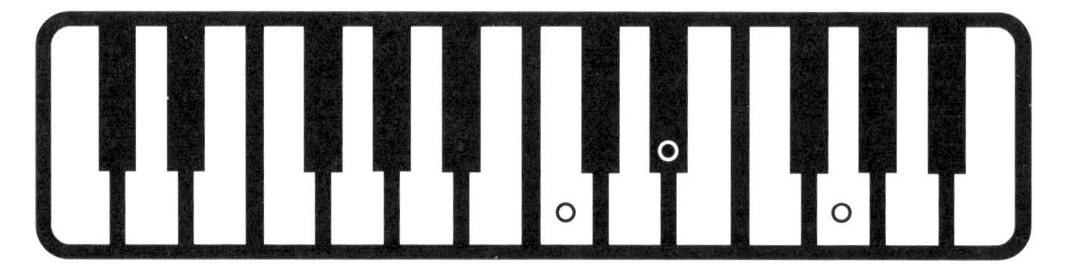

G：完全５度（ルートから半音７個分）

E♭：短３度（ルートから半音３個分）

C：ルート

ここまでの話をまとめると次のようになるが、

(15)　C と Cm の構成音とその機能と重要性

コード C	コード Cm	構成音の働き	構成音の重要性
G：完全５度	G：完全５度	ルートの個性を全面に押し出すブースター	なくてもかまわないもの
E：長３度	E♭：短３度	コードの明暗（カラー）を決定づける	ないと困るもの
C：ルート	C：ルート	コードのベースとなる	絶対必要なもの

同じようなことが他のトライアドコードにもいえる。もう1つだけ例をみておこう。たとえばDとDmはともにルートがDで5度の音がAであるが、3度の音は、メジャーのDがF#でマイナーのDmがFである。それぞれのコードで使う鍵盤の箇所を示すと次のようになる。

(16) Dで使う鍵盤の箇所

A：完全5度（ルートから半音7個分）
F#：長3度（ルートから半音4個分）
D：ルート

(17) Dmで使う鍵盤の箇所

A：完全5度（ルートから半音7個分）
F：短3度（ルートから半音3個分）
D：ルート

コラム

単音を弾いても和音

ギターをチューニングする際、私はチューナーではなく音叉を使う。少しでも音感を鈍らせないようにするためだ。さて、音叉には取手の部分に「A＝440Hz」と刻印されているが、これは、「1秒間に空気を440回震わせるけど、それをAの音とするね」という意味である。

楽器を使って440HzのAの音を出すと、いい楽器であれば、そして弦楽器で弦を張り替えたばかりのものなら、倍音がたくさん出る。ギターやピアノで440HzのAの音を出すと、同時に、880Hzの第2倍音や、1320Hzの第3倍音や、1760Hzの第4倍音や、2200Hzの第5倍音や、2640Hzの……というように、いくつもの倍音が出る。つまり、単音を奏でているつもりでも、実は、和音を奏でているのである。ちなみに、440HzのAの第3倍音の1320Hzは、ほぼほぼEの音である（実際のEの音は1318.510Hzである）。よって、Aの音を出すと、実は、わずかな音量ではあるが、Eの音も出ているのである。

なお、ギターにはハーモニクスという奏法があるが、このハーモニクスを使うと、倍音のみを奏でることができる。たとえば、ギターの5弦の開放音は基本振動が110Hzであるが、5弦の12フレットでハーモニクスを出すと、この基本振動の110Hzの音以外の2倍音の220Hzの音や4倍音の440Hzの音や6倍音の660Hzの音が出る。

いい楽器と同様に、声のいい人というのも、倍音がかなり出ている。おそらくだが、美空ひばりや今井美樹や竹内まりや、男性だと桑田佳祐や玉置浩二といったあたりのアーチストは、私が思うに、とてつもない数の倍音が出ているのであろう。

言語に見られる「ルート」と「3度」と「5度」

トライアドコードの仕組みがわかったところで、これと同じような仕組みが言語にもないか見てみよう。第3章で、次のような日本語と英語の違いに基づ

いて、

(18) 日本語の名詞句と動詞句と形容詞句と後置詞句

日本語の表現	タイプ	補完するもの	中心となるもの
ユダヤ人の虐殺	名詞句	ユダヤ人の	**虐殺**
その本を読む	動詞句	その本を	**読む**
おばけが怖い	形容詞句	おばけが	**怖い**
その部屋で	後置詞句	その部屋	**で**

(19) 英語の名詞句と動詞句と形容詞句と前置詞句

英語の表現	タイプ	中心となるもの	補完するもの
genocide of Jews	名詞句	**genocide**	of Jews
read the book	動詞句	**read**	the book
afraid of ghost	形容詞句	**afraid**	of ghost
at the room	前置詞句	**at**	the room

次のような一般化というか日本語と英語の決定的な違いを導き出した。

(20) 日本語では中心となるものが後ろにくるのに対し、英語では前にくる。

(18) と (19) の「中心となるもの」と「補完するもの」というのは、それぞれ、(15) の「絶対必要なもの」と「ないと困るもの」に置き換えることができる。そうなると、(15) にあって (18) と (19) にないものはというと「なくてもかまわないもの」になる。「なくてもかまわないもの」とはオプショナルなもので、それは結局いわゆる修飾語のことだ。(18) の日本語の表現と (19) の英語の表現に適当な修飾語をつけて表を完全なものにすると次のようになる。修飾語 (なくてもかまわないもの) には波線をほどこしている。

(21) 日本語の名詞句と動詞句と形容詞句と後置詞句

日本語の表現	タイプ	なくてもかまわないもの	ないと困るもの	絶対必要なもの
そのユダヤ人の虐殺	名詞句	その	ユダヤ人の	**虐殺**
しょっちゅうその本を読む	動詞句	しょっちゅう	その本を	**読む**
めちゃくちゃおばけが怖い	形容詞句	めちゃくちゃ	おばけが	**怖い**
ちょうどその部屋で	後置詞句	ちょうど	その部屋	**で**

(22) 英語の名詞句と動詞句と形容詞句と前置詞句

英語の表現	タイプ	なくてもかまわないもの	絶対必要なもの	ないと困るもの
the genocide of Jews	名詞句	the	**genocide**	of Jews
often read the book	動詞句	often	**read**	the book
so afraid of ghost	形容詞句	so	**afraid**	of ghost
just at the room	前置詞句	just	**at**	the room

そして、これまでの話を踏まえて (20) を改定すると次のようになる。

(23) 日本語では絶対必要なものが後ろにくるのに対し、英語では前にくる。なお、日本語でも英語でも、なくてもかまわないものは頭にくる。

どうも、トライアドコードのルートにあたるものも、3度にあたるものも、さらには5度にあたるものも言語にはあるようだ。これは偶然だろうか、それとも必然だろうか。わざわざ探したから見つかった類似点ではあるが、この類似点をできればより確かなものにしたい。そこで、次の章では、言語の統語構造とトライアドコードの相関性に探りを入れながら、音楽理論と文法理論の親和性と相性のよさについて見ていきたいと思う。引き続きアナロジー思考で音楽と言語を眺めていこう。そして、今まで見たこともない景色をいっしょに見ていこう。

コラム

空虚５度と「ぜんぜん」

ロックなギターでよく使われるパワーコードであるが、実は、クラシックの世界では「空虚５度」として知られている。なぜ「空虚」という名称がついているかというと、コードのカラーを決定づける３度の音を欠いているからだ。さて、この「空虚５度」つまりパワーコードであるが、モーツァルトもベートーベンもシューベルトもショパンも使っている。この時代に、すでに，ハードロックの萌芽が見られるといっても過言ではない。

パワーコードをロックの世界に広く知らしめたのは、おそらく、ディープ・パープルの『Smoke on the Water』であろう。同曲を書いたリッチー・ブラックモア（ディープ・パープルのギタリスト）は、ライブでよく、上にあげたクラシックの巨匠たちのフレーズをさり気なく曲中に差し込んだりする。ロックは、やはり、クラシックであり、そしてクラシックはすでにロックなのである。

言語にも似たようなことがないこともない。日本語の「ぜんぜん」は、ひと昔前は、その後に否定の表現をよくとっていた。でも最近は、「ぜんぜん」の後ろに肯定の表現をとることがよくある。若い人の間でとくに顕著である。でも、昔から、「ぜんぜん」はその後にふつうに肯定の表現も否定の表現もとっていた。というのも、そもそも、「ぜんぜん」は「残すところなくすべて」という強調の意味の表現で、その後に肯定の表現をとるか否定の表現をとるかの指定はいっさいないからだ。「ぜんぜん」はその後にくる表現を強調しているという点では、「ぜんぜん」を使った表現はパワーコードなフレーズともいえる。

7　トライアドコードの陰の実力者、それは３度

7.1　4度の音は中間色

「人の嫌がること」ってどんなこと？

ルートと3度の音、さらに5度の音からなるコード、それがトライアドコードであった。コードにはコード固有のカラーがある。つまり、そのコードがもっている独自の明るさや暗さがある。この明るさや暗さ、すなわちコードのカラーを決めているのが3度の音であった。長3度が使われると明るい感じのコードになり、短3度が使われると暗い感じのコードになる。

では、この3度の音が使われなかったらどうなるのであろうか。つまり、3度の音の代わりに4度の音（すなわち完全4度の音）が使われたらどんな感じのコードになるのだろうか。この問いに答えるにあたり、まずは、ことばの曖昧性について考えてみたい。

次の文を見てもらいたい。

（1）　人の嫌がることをすすんでしよう。

この文が、仮に、小学校のスローガンだとしよう。そして、そのスローガンに従って子どもが、率先して、体育館の窓ガラスを割りまくり、学校のコンピュータにサイバー攻撃をしかけたり、さらにトイレに隠しカメラを設置した場合、さて、その子を叱ることができるだろうか。もちろん、これらの行為は倫理的にも道徳的にも、そして社会常識的にも完全にアウトである。でも、「人の嫌がることをすすんで」したということでは、スローガン通りの行動をしたということで、評価することはできないだろうか。

ところで、皆さんは（1）を見てどう解釈しただろうか。つまり、「人の嫌がること」からどんなことをイメージしただろうか。人によっては、ボランティア精神に溢れた利他的な行動を思いついたかもしれない。その一方で、上で紹介した子どものように、悪意に満ちた非人道的な行動をイメージした人もいるかと思う。（1）の「人の嫌がることをすすんでしよう」を読んで、人によっては、

真逆の行動をイメージすることができるのである。どちらがイメージしやすいかは、多分にして、これまで歩んできた人生やその人の性格、あるいは人格が左右するところであろう。

(1) をどう解釈するかはともかく、日本語ネイティブなら、誰でも、(1) から真反対の行動をイメージできるはずだ。そして、そのような解釈をできるのが日本語ネイティブであり、文法のソフトウェアを脳内にもっているヒトという生き物なのである。

ジャイアンとしずかちゃんってどういったキャラ?

では、今度は、次の文を見てもらいたい。

(2) a. ジャイアンは人の嫌がることをすすんでする。
b. スネ夫は人の嫌がることをすすんでする。
c. のび太は人の嫌がることをすすんでする。
d. しずかちゃんは人の嫌がることをすすんでする。

これらを見て、皆さんは、ジャイアンやしずかちゃんがどんな「人の嫌がること」をするとイメージしただろうか。ジャイアンやしずかちゃんのキャラを知っている人なら、自ずと、彼らがする「人の嫌がること」がイメージできたはずだ。おそらくだが、a から d に向かうにつれ、「人の嫌がること」の内容が反道徳的なものから道徳的なものへと変わっていったのではないだろうか。(2) の人名のところに国名を入れても面白いかもしれない。「ロシア」や「中国」や「北朝鮮」や「韓国」といった近隣諸国の名前を入れて、これらの国がどんな「人の嫌がること」をするかイメージするのも一興であろう。

明暗をつけるのは 3 度の音

「人の嫌がることをすすんでしよう」だけだと、私たち日本語ネイティブは、両極端な行動をイメージすることができる。でも、「人の嫌がることをすすんでしよう」の頭に「ジャイアンは」や「しずかちゃんは」が付くと、イメージできるものが 1 つに定まってくる。これと同じようなことがコードにも見られる。

第 6 章で詳しく見たように、コードのカラー (明るさ) を決めているのは 3 度の音である。長 3 度を使うと明るい感じになり、短 3 度を使うと暗い感じにな

る。たとえば、メジャーコードの C は次のような構成音になり、

（3） C で使う鍵盤の箇所

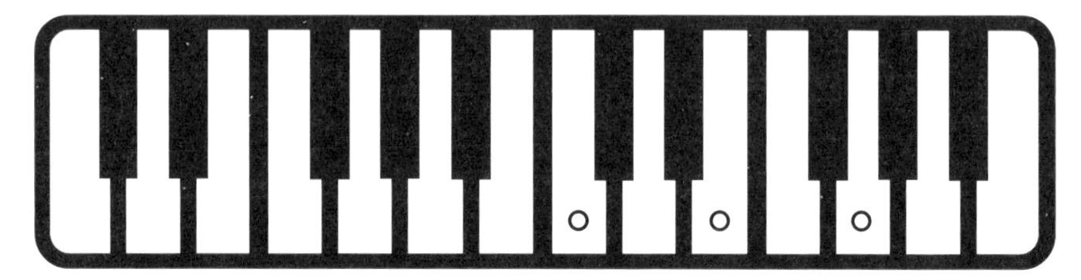

G：完全 5 度（ルートから半音 7 個分）
E：長 3 度（ルートから半音 4 個分）
C：ルート

明るい感じの音がする。一方、マイナーコードの Cm は次のような構成音になり、

（4） Cm で使う鍵盤の箇所

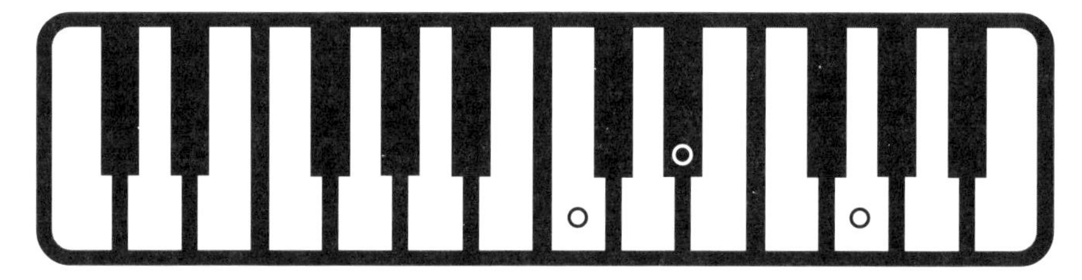

G：完全 5 度（ルートから半音 7 個分）
E♭：短 3 度（ルートから半音 3 個分）
C：ルート

暗い感じの音がする。

sus4 コードは宙ぶらりん

　さて、ここで 3 度の音でなく完全 4 度の音を使うと音色はどうなるであろうか。ルートに完全 4 度の音と完全 5 度の音を重ねたコードを sus4 コードというが、この sus4 コードはなんとも言えない宙ぶらりんな音がする。この「宙ぶ

らりん」を表しているのが sus4 の sus（suspended：ぶら下がった）なのである。

Csus4 だと、3 度の代わりに完全 4 度の音が使われるので、構成音は次のようになる。

（5） Csus4 で使う鍵盤の箇所

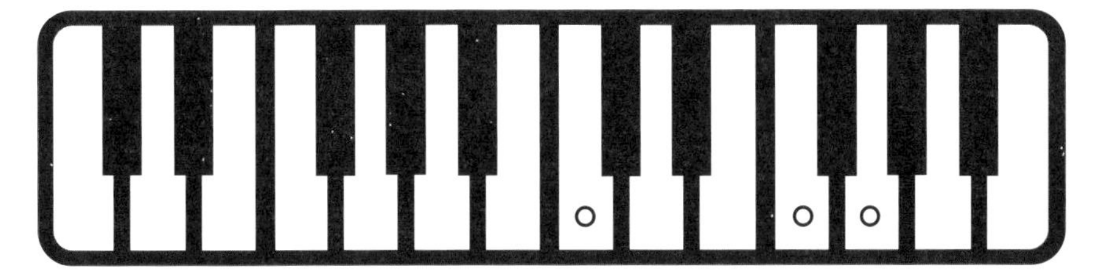

G：完全 5 度（ルートから半音 7 個分）
F：完全 4 度（ルートから半音 5 個分）
C：ルート

鍵盤楽器があったらぜひ Csus4 の音を出してみてもらいたいのだが、なんともハッキリしない宙ぶらりんな響きがするはずだ。つまり、明るいとも暗いともどっちともいえないどっちつかずの響きがするはずだ。まさに「人の嫌がることを進んでしよう」のような音がする。

sus4 コードにはコードの明暗を決定づける 3 度の音がない。だから、明暗つけられず宙ぶらりん（つまり suspended）な音がするのである。「人の嫌がることを進んでしよう」をコードにたとえるとまさに sus4 コードになるのだ。

「人の嫌がることをすすんでしよう」は、その頭に「ジャイアンは」や「しずかちゃんは」が付くと解釈が 1 つに絞られる。同じことが sus4 コードにもいえる。sus4 コードは、明るいコードの文脈で使われると明るい感じに聞こえ、逆に、暗いコードの文脈で使われると暗い感じに聞こえる。sus4 コードは、やはり、「人の嫌がることをすすんでしよう」そのものといえよう。

コラム

E♭sus4 でゲロッパ♪

最近の邦楽では、とくにボカロやアニソンやＪポップでは、例外なく楽曲が複雑になっている。どの曲でもいいので１つ楽譜を手にとってみるといい。分数コードとテンションコードのオンパレードで、一瞬、「これは数学の参考書か？」と思えるほどである。さらに、イントロからＡメロ、Ｂメロ、サビ、大サビ、そしてアウトロまで、ずっとコードがかわり「複雑じゃなきゃ邦楽じゃない！」という昨今である。

その一方で、１曲通して１つのコードしか使われていない曲もある。１つ例をあげると、ファンクの帝王、ジェイムス・ブラウンの名曲『Sex Machine』がある。あのゲロッパ♪の曲である。この曲ではほとんどE♭sus4 しか使われていない。

楽曲で使われるコードの数と名曲には、おそらく、相関性はない。昨今の邦楽と『Sex Machine』は、喩えていうならば、伏線だらけの長編小説と短歌ぐらいの違いがあるといえよう。

「すすんで」をとると……

(1) の「人の嫌がることをすすんでしよう」は、たしかに、相反する２つの意味にとることができる。道徳的に正しい行いをする解釈もできれば、道徳的に正しくない行いをする解釈もできる。では、「人の嫌がることをすすんでしよう」の「すすんで」をとって次のようにしたらどうだろうか。

(6)　人の嫌がることをしよう。

この文から道徳的に正しい行いをする解釈がはたして出てくるだろうか。日本語ネイティブならわかるように、この (6) からは道徳的に正しくない、まさに嫌がらせをする解釈しか出てこないと思う。これは、コードでいったら、４度の音が３度の音に変わったようなものである。３度は３度でも、暗さと邪悪さをリンクできるのであれば、短３度の音に変わったようなものだともいえる。

目的語は3度の音

sus4はトライアドコードの中でも異色である。カラーレスだからだ。カラーレスという意味では3度の音を欠いたパワーコードも異色である（第6章参照）。この異色のsus4コードとパワーコードを見ることにより、3度の音の重要性を知ることができた。

ところで、言語だとこの3度の音に相当するものは何になるのだろうか。コードにおける3度の役割を確認すべく、第6章で見た次の表をあらためて見てみよう。

(7)　CとCmの構成音とその機能と重要性

コードC	コードCm	構成音の働き	構成音の重要性
G：完全5度	G：完全5度	ルートの個性を全面に押し出すブースター	なくてもかまわないもの
E：長3度	E♭：短3度	コードの明暗（カラー）を決定づける	ないと困るもの
C：ルート	C：ルート	コードのベースとなる	絶対必要なもの

メジャーコードとマイナーコードの違いは、読んで字の如く、メジャーかマイナーかである。メジャーかマイナーか、これがコードのカラー（明暗）を決めている。そして、このカラーを決めているのが他でもない3度の音で、3度の音はコードにとってないと困るものである。

では、コードにとってないと困る3度の音は言語だと何になるのだろうか。第6章で見た次の表（とくに「ないと困るもの」のところ）を見るとわかるように、

(8)　日本語の名詞句と動詞句と形容詞句と後置詞句

日本語の表現	タイプ	なくてもかまわないもの	ないと困るもの	絶対必要なもの
そのユダヤ人の虐殺	名詞句	その	ユダヤ人の	**虐殺**
しょっちゅうその本を読む	動詞句	しょっちゅう	その本を	**読む**
めちゃくちゃおばけが怖い	形容詞句	めちゃくちゃ	おばけが	**怖い**
ちょうどその部屋で	後置詞句	ちょうど	その部屋	**で**

コードにとっての3度の音（つまり「ないと困るもの」）は、広い意味での目的語になる。「ユダヤ人の虐殺」では、実質的に「ユダヤ人（の）」は「虐殺」の目的語であるし、「その本を読む」では、「その本（を）」は文字通り「読む」の目的語である。「おばけが怖い」にしても、「おばけ（が）」が実質的に「怖い」の目的語として機能している。後置詞は他動詞と同様に必ず名詞をとるという点で他動詞の一種と考えられ、その点に注目すれば、「その部屋で」の「その部屋」は「で」の目的語と考えることができる。

3度と目的語、それは「ないと困るもの」

コードの3度の音、つまりコードにとってないと困るもの、これが言語における広い意味での目的語であるといえそうだ。だとしたら、3度の音が長3度か短3度かによってコードのカラーが変わったように、言語でも、目的語にどんなものがくるかによってニュアンスが変わってくるといえる。実際、その通りである。「ユダヤ人の虐殺」と「害虫の虐殺」ではメジャーコードとマイナーコード並みにカラーが違うし、「哲学書を読む」と「エロ本を読む」でも聞いた時の印象がまったく違う。「おばけが怖い」と「女房が怖い」でも怖さのリアリティというか問題の深刻さが違う。さらに、「コンビニで」と「風俗店で」でも、「哲学書を読む」と「エロ本を読む」と同じくらい、いやそれ以上に聞いたときの印象が違う。

言語における目的語は、音楽における3度の音に相当し、ともに「ないと困るもの」であるといえる。無理やりと言われれば無理やりにではあるが、こんなところにも音楽理論と文法理論の接点を見出すことができるのである。

7.2　言語の移動と音楽の転回

日本語は英語に比べると語順が自由

第4章で見たように、英語の疑問文では、wh で始まる語は、基本、文頭に動かさないといけない。よって、「太郎が何を買ったの？」の英文としては、次の(9) はいいが、

(9)　What did Taro buy?

次の（10）は（エコー疑問文として使うのでなければ）よくない。

(10)　Taro bought what?

このことからわかるように、英語では、wh 語は文頭に動かさないといけない。
一方、日本語はどうかというと、次の 2 つの文がいいことから、

(10) a.　太郎が何を買ったの？
b.　何を太郎が買ったの？

「何を」といった wh 語は動かしても動かさなくてもどちらでもよい。つまり、日本語は、単語の移動が、英語に比べると比較的自由なのである。これは、次の文がどれもいいことからもわかる。

(11) a.　ハタケヤマがコンビニで干し芋を買った。
b.　ハタケヤマが干し芋をコンビニで買った。
c.　コンビニでハタケヤマが干し芋を買った。
d.　コンビニで干し芋をハタケヤマが買った。
e.　干し芋をハタケヤマがコンビニで買った。
f.　干し芋をコンビニでハタケヤマが買った。

上の文は、どれも、日本語としては問題がないが、意味は同じだろうか。同じだといっても問題はないであろう。どの文でも使われている単語は同じで、「ハタケヤマ」と「コンビニ」と「干し芋」と「買う」であるからだ。

あなたはニュアンスの違いに気づけるか？

（11a–f）にはニュアンスの違いはないだろうか。具体的にいうと、一番言いたいことというか一番伝えたいところに違いはないだろうか。（11）の 6 つの文を見ているだけでは、そして理論言語学の訓練を受けたことのない人には、ニュアンスの違い（つまりどこにスポットライトを当てているかの違い）はちょっとわかりにくいと思う。そこで、これから皆さんに、理論言語学の訓練をとくにすることもなく、微妙だけれども明らかなニュアンスの違いをリアルに感じてもらおうかと思う。
次の文を見てもらいたい。

(12)　ハタケヤマがコンビニで干し芋を買ったの？

この文は（11a）の Yes-No 疑問文である。この問いに対して次の 3 つのように答えたとしよう。

(13) a.　うん、ハタケヤマが買ったよ。
　　 b.　うん、コンビニで買ったよ。
　　 c.　うん、干し芋を買ったよ。

どれも答えとして適切だろうか。(13a, b）にちょっと違和感を感じるのに対し、(13c）には違和感を感じることはないのではないか。
　今度は（14）の文を見てもらいたい。

(14)　ハタケヤマが干し芋をコンビニで買ったの？

この文は（11b）の Yes-No 疑問文である。この問いに対して次の 3 つのように答えたとしよう。

(15) a.　うん、ハタケヤマが買ったよ。
　　 b.　うん、干し芋を買ったよ。
　　 c.　うん、コンビニで買ったよ。

どれも答えとして適切だろうか。(15a, b）にちょっと違和感を感じるのに対し、(15c）には違和感を感じることはないのではないか。

動詞の直前にスポットライト

　なぜ a, b には違和感を感じるのに c には違和感を感じないのだろうか。それは、日本語には次のような規則というか原理があるからだ。

(16)　日本語では、動詞の直前にあるものが一番言いたくて伝えたいものである。つまり、動詞の直前にあるものがその文で一番重要なものである。

(12)（＝ハタケヤマがコンビニで干し芋を買ったの？）では、動詞「買った」の直前にあるのは「干し芋を」である。よって、(16）により、(12）で一番重要なのは「干し芋を」になる。疑問文で相手に答えてもらいたいところ、それは、疑問文で一番聞きたいところ（つまり一番重要なところ）である。したがって、(12) の疑問文に対しては、答えで疑問文の内容に触れるにしても、「干し芋を」に触れたものが適切なものとなる。だから、(13c) には違和感を感じないのに対し、ポイントのズレた (13a, b) にはちょっと違和感を感じるのだ。

同じことが (14)（＝ハタケヤマが干し芋をコンビニで買ったの？）についてもいえる。(14) では、動詞「買った」の直前にあるのは「コンビニで」である。よって、(16) により、(14) で一番重要なのは「コンビニで」になる。疑問文で相手に答えてもらいたいところ、それは、疑問文で一番知りたいところ（つまり一番重要なところ）である。したがって、(14) の疑問文に対しては、答えで疑問文の内容に触れるにしても、「コンビニで」に触れたものが適切なものになる。だから、(15c) には違和感を感じないのに対し、ポイントのズレた (15a, b) にはちょっと違和感を感じるのだ。

語感を研ぎ澄まして読んでみよう

これらのことを踏まえた上で、あらためて (11) を見てもらいたい。(11) を下に繰り返す。

(11) a.　ハタケヤマがコンビニで干し芋を買った。
b.　ハタケヤマが干し芋をコンビニで買った。
c.　コンビニでハタケヤマが干し芋を買った。
d.　コンビニで干し芋をハタケヤマが買った。
e.　干し芋をハタケヤマがコンビニで買った。
f.　干し芋をコンビニでハタケヤマが買った。

五感でなく語感を研ぎ澄まして読むとわかるように、どの文でも、動詞の直前にあるものに焦点（スポットライト）が当たっている。(11a) は何を買ったかを述べた文であることが、(11b) はどこで買ったかを述べた文であることが、(11c) は何を買ったかを述べた文であることが、(11d) は誰が買ったかを述べた文であることが、(11e) はどこで買ったかを述べた文であることが、(11f) は誰が買ったかを述べた文であることが、日本語の直感がある日本語ネイティブならわかるはずだ。

(11a-f) では、なぜ、微妙に（でもハッキリと）伝えたいことが違うのだろうか。それは、もうおわかりのように、日本語には（16）の原理があるからだ。（16）の原理を無意識に使って、自由自在に、私たち日本人は、（11a-f）のように語順を変えているともいえる。ここでポイントとなるのは、本来重要でないものをあえて動詞の前にもってくることにより、そこにスポットライトを当てることができるということだ。

転回：ルート以外にスポットライトを当てる

日本人は、（16）の原理があることもあり、聞き手に一番伝えたいものを、あえて、動詞の直前にもってくることがある。そうやって日本人は、意図的であれ、無意識のうちであれ、語順を変えてまで言いたいことを言っているともいえる。言語にそのような特性があるのならば、これまでの話から察せられるように、音楽にもそういった特性があるはずだ。その期待に応えてくれるのが、これから紹介する転回（inversion）というものである。

トライアドコードのC（Cメジャーコード）についてあらためて考えてみたい。Cは、鍵盤を使って示すと、次のところを押さえ、

（17） Cで使う鍵盤の箇所

構成音は次のようになる。

（18） Cメジャーコードの構成音
G：完全5度（ルートから半音7個分）
E：長3度（ルートから半音4個分）
C：ルート

Eにスポットライトを当てろ！

（17）の鍵盤を見てわかるように、ルートのCが一番低い音になっている。

つまりC（ド）がCメジャーコードのベース音（最低音）になっている。Cメジャーコードは、実は、CとEとGが構成音であれさえすれば、どの音がベース音になってもかまわない。よって、Eをベース音にして、次のように鍵盤を押さえることもできる。

(19)　ベース音をEにしたCメジャーコード

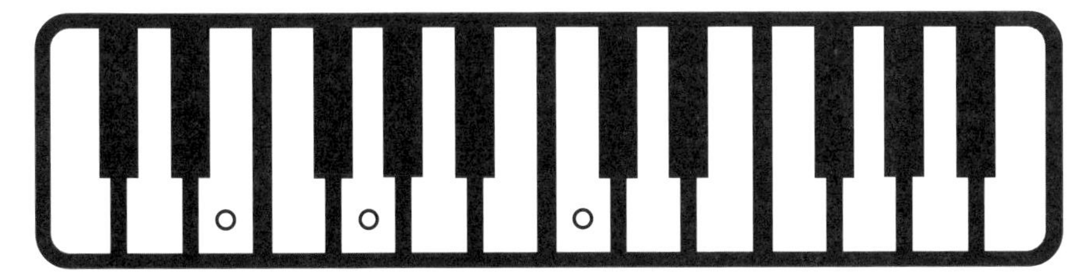

この押さえ方だとCが一番高い音になっている。このCメジャーコードをC/Eのように表記するが、ベース音がEであることをスラッシュE（/E）で表している。

CとC/Eの関係は、ある意味、(11a）と（11b）の関係と同じといえる。(11a）と（11b）を 下に繰り返す。

(11) a.　ハタケヤマがコンビニで干し芋を買った。
　　b.　ハタケヤマが干し芋をコンビニで買った。

(11a）の「コンビニで」にスポットライトを当てるために、(11b）では、わざわざ「コンビニで」を動詞の直前に移動してやっている。やっていることは、CメジャーコードのEをベース音にして、Eにスポットライトを当てているのと同じだ。実際、(17）と（19）を弾き比べてみるとわかるように、(17）ではCが中心になって音がまとまっている感じがするのに対して、(19）ではEが中心となって音がまとまっている感じがする。

Gにスポットライトを当てろ！

CメジャーコードのEだけでなく、Gをベース音にしてCメジャーコードをつくることができる。この場合、押さえる鍵盤は次のようになる。

(20)　ベース音をGにしたCメジャーコード

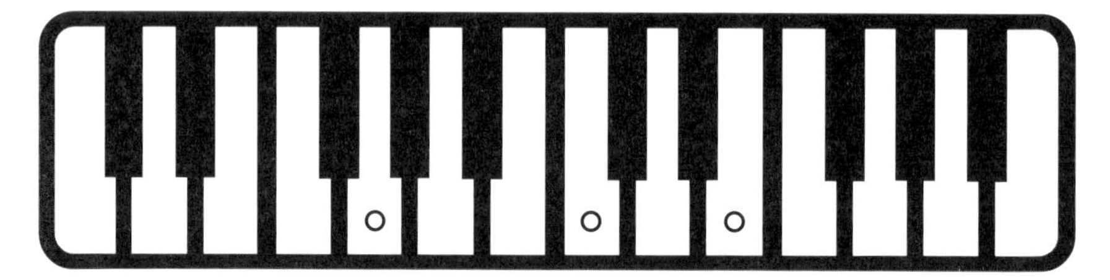

この場合、Eが一番高い音になる。ベース音がGになっているこのCメジャーコードをC/Gのように表記するが、このコードも、C/Eと同様に、Cメジャーコードである。Cメジャーコードの構成音のみから成っているからだ。

CとC/Gの関係は、ある意味、(11a)と(11d)の関係と同じだといえる。(11a)と(11d)を下に繰り返す。

(11) a.　ハタケヤマがコンビニで干し芋を買った。
　　 d.　コンビニで干し芋をハタケヤマが買った。

(11a)の「ハタケヤマが」にスポットライトを当てるために、(11d)では、わざわざ「ハタケヤマが」が動詞の直前に移動させられている。この「ハタケヤマが」の移動は、CメジャーコードのGを前面に出すためにGをベース音にしているのと変わらない。実際、(17)と(20)を弾き比べるとわかるように、(17)ではCが中心になって音がまとまっている感じがするが、(20)ではGが中心になって音がまとまっている感じがする。

文のあるパーツを目立たせるために、あえて動詞の直前にもってくることがある。これと同じようなことが音楽にも見られ、それがこれまで見てきた転回である。文法理論と音楽理論はどこかしら似ている。もっと似ているところはないだろうか。次の章では、4和音について見ていくなかで、もっともっと似ているところを探っていく。次章からは、音楽理論と文法理論の理論に焦点を当てながら音楽と言語の接点を探っていく。

コラム

言語システムと音楽システムの形式と機能

第３章で見たように、日本語と英語には、次のような違いがある。

(i) 日本語では中心となるものが後ろにくるのに対し、英語では前にくる。

つまり、日本語と英語では、語順に関して大きな違いがある。語順に違いがあるのなら、日本語と英語では、文のどこに焦点を当てるかでも違いがあるはずだ。

日本語では、次の（ii）に示されるように、動詞の直前にスポットライトが当てられる。

(ii) 日本語では、動詞の直前にあるものが一番言いたくて伝えたいものである。つまり、動詞の直前にあるものがその文で一番重要なものである。

では、英語ではどうなのだろうか。英語には、実は、end focus（文末焦点の原理）というものがあり、次に示すように、文の最後にくるものに焦点が当てられる。

(iii) 英語では、文末にあるものが一番言いたくて伝えたいものである。つまり、文末にあるものがその文で一番重要なものである。

よって、次の（iva）と（ivb）では、伝えたいことが違う。

(iv) a. Hatakeyama gave an acoustic guitar to Suzuki.
　　b. Hatakeyama gave Suzuki an acoustic guitar.

(iii) により、(iva) は、ハタケヤマがアコギを誰にあげたのかを伝えている文であるのに対して、(ivb) は、ハタケヤマが鈴木に何をあげたのかを伝えている文であるのだ。

受験英語では、よく、(iva) を (ivb) に書き換えたり、(ivb) を (iva)

に書き換えたりする練習が行われる。この書き換えは、(iva) と (ivb) が同じ意味である限りにおいて成立する。というのも、(iva) と (ivb) が同じ意味でないのなら、そもそも書き換えなんてできないからだ。でも、実際は、上で見たように、(iva) と (ivb) は、厳密にいうと、意味が違う。よって、私たちは、受験英語で、間違ったことというか無意味なことをやらされていたのだ。

(i) と (ii)-(iii) を見比べるとわかるように、(i) にある「中心となるもの」と (ii)-(iii) にある「重要なもの」はまったく異なる概念である。前者は文の形式にかかわるものであるのに対し、後者は文の機能にかかわるものである。言語には、このように、形式と機能を分けて考えないといけない側面がある。実は、これから明らかになるのだが、音楽にも同じことがいえる。音楽もまた、言語と同様に、形式と機能を分けて考えないといけない側面があるのだ。言語と音楽にはこのようなところにも類似点や相関性があるのだ。

8 セブンスコードから探る言語の構造

8.1 コードのキャラは 3 度と 7 度で決まり！

トライアドコードからテトラッドコードへ

2 つ以上の音から成る音の集まりをコード（和音）という。足し算のことを「和」というが、まさに音を足したものがコードである。音が 1 つだけでは音の集まりはできない。最低 2 つの音が必要である。ルートと完全 5 度の 2 音だけからなるパワーコードには 3 度の音がない。そのため、パワーコードはカラーレスである。また、sus4 コードは 3 つの音からなるコードではあるが、パワーコードと同様に 3 度の音がない。よって、sus4 コードもパワーコードと同様にカラーレスである。

3 度の音がコードの明暗を分けているが、3 度の音は明暗といった照度にしかかかわることができない。その意味では、1 度と 3 度と 5 度の音からなるトライアドコードは音が単純である。音に深みがないともいえる。トライアドコードにあともう 1 つ音を付け加えると音に厚みと深みが出てくる。

コードのカギを握るセブンスコード

これまで、ルートに対して 3 度の音を加え、さらに 5 度の音を加えていった。等差数列を持ち出すまでもなく、もう 1 つ音を加えるとなると、順番からいったら次は 7 度（セブンス）の音である。トライアドコードに 7 度の音を加えたものをテトラッドコード（4 和音）というが、これからこのテトラッドコードつまりセブンスコードについて見ていく。セブンスコードであるが、これから見ていくとわかるように、この 4 和音のコードが、音楽理論と文法理論を橋渡す大きな役割を担うことになる。

C7：C に短 7 度を追加

セブンスコードの仕組みについて見ていくにあたり、まずは、C メジャーコード（C）の音の構成について見てみよう。

(1)　C で使う鍵盤の箇所

G：完全 5 度（ルートから半音 7 個分）
E：長 3 度（ルートから半音 4 個分）
C：ルート

　この C メジャーコード（C）に 7 度の音を加えるとセブンスコードになる。つまり、トライアドコードからテトラッドコードに変わる。7 度の音には短 7 度と長 7 度の 2 つがある（第 6 章参照）。短 7 度の音はルートから半音 10 個分の距離にある。短 7 度の音を加えたセブンスコードの名称は、元のトライアドコードの名称に 7 を加えるだけでいい。よって、C メジャーコード（C）に短 7 度の音を加えたコードは C7 になる。
　C7 は、次に示される鍵盤を押さえると奏でられるが、

(2)　C7 で使う鍵盤の箇所

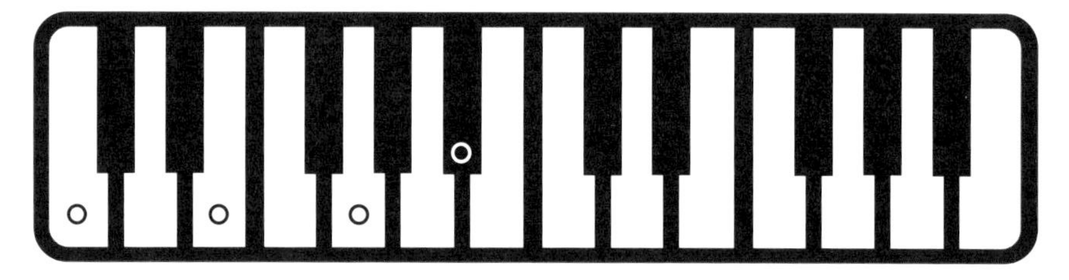

B♭：短 7 度（ルートから半音 10 個分）
G：完全 5 度（ルートから半音 7 個分）
E：長 3 度（ルートから半音 4 個分）
C：ルート

ちょっとブルージーな響きがする。

CM7：C に長 7 度を追加

7 度には、短 7 度の他に、短 7 度より半音高い長 7 度がある。短 7 度はルートから半音 10 個分の距離だったので、長 7 度はこれにもう 1 半音加え、ルートから半音 11 個分のところにある音になる。長 7 度の音を加えたセブンスコードの名称は、元のトライアドコードの名称に M7（メジャーセブン）を付け加えたものとなる。よって、C メジャーコード（C）に長 7 度を加えたコードは CM7 になる。CM7 は、次に示される鍵盤を押さえると奏でられるが、

（3） CM7 で使う鍵盤の箇所

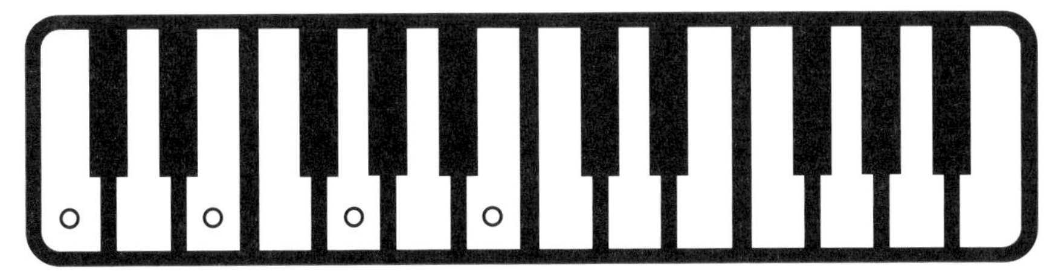

B：長 7 度（ルートから半音 11 個分）
G：完全 5 度（ルートから半音 7 個分）
E：長 3 度（ルートから半音 4 個分）
C：ルート

C7 と同じくブルージーな感じの音がするものの、C7 よりどことなくオシャレな感じがする。

Cm7：Cm に短 7 度を追加

C メジャーコード (C) のセブンスコードの構成音についてわかったところで、今度は、C マイナーコード（Cm）のセブンスコードの構成音について見てみよう。まずは Cm7 について見てみよう。Cm7 は Cm に短 7 度の音が加わったものである。よって、Cm7 は、次に示される鍵盤を押さえると奏でることができる。

（4） Cm7 で使う鍵盤の箇所

B♭：短 7 度（ルートから半音 10 個分）
G：完全 5 度（ルートから半音 7 個分）
E♭：短 3 度（ルートから半音 3 個分）
C：ルート

Cm7 は C7 を暗くしたような感じの音ではあるものの、C7 をただ暗くした感じではなく、なんとなく男の哀愁が感じられる音である。

CmM7：Cm に長 7 度を追加

Cm7 のセブンスの音 B♭を半音高くして B にしたのが CmM7 であるが、CmM7 は次に示される鍵盤を押さえると奏でられる。

（5） CmM7 で使う鍵盤の箇所

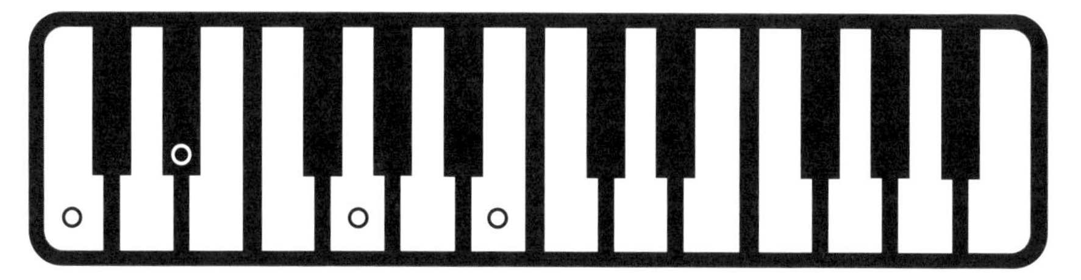

B：長 7 度（ルートから半音 11 個分）
G：完全 5 度（ルートから半音 7 個分）
E♭：短 3 度（ルートから半音 3 個分）
C：ルート

CmM7 は CM7 を暗くしたような感じの音ではあるが、CM7 をただ暗くした感じだけでなく、どことなく男のダンディズムが感じられる音である。

3度と7度の関係を暴け！

C7とCM7、そしてCm7とCmM7の構成音について見てきたが、主音がC以外のときでも同じような話ができる。よって、これまでの話を踏まえ、さらにこれまでの話がすべての主音についていえることを考えると、次のような表をつくることができる。

(6) 3度と7度の組み合わせ

3度＼7度	短7度	長7度
短3度	○m7	○mM7
長3度	○7	○M7

○のところが変数になっていて、そこにすべての主音を入れることができる。つまり、12個の音（C, C#, D, D#, E, F, F#, G, G#, A, A#, B）を値として入れることができる。

ルートはコードのベースとなる音で、そのルートの音そのものには色はない。そして、ルートの存在を前面に押し出しているのが完全5度の音である。その一方、3度の音はコードの明暗を決め、7度の音はコードから滲み出る大人の色気のようなものを決めている。3度と7度の音の組み合わせで、コードのカラーはほぼ決まるといえよう。(6) の表は、その意味では、コードのキャラを決めるレシピのようなものだともいえる。

コラム

3度ではMをつけず7度ではmをつけない

3度と7度には「短」と「長」の2つの種類があるが、3度では「短」のmのみが表記され、「長」のMは表記されない。一方、7度では、「短」のmは表記されず、「長」のMが表記される。3度と7度では、「短」と「長」において、どちらが表記されるかで異なるのだ。度数の表記にはこのような「めんどくさい」ことがあちらこちらにあるが、「約束事だからしょうがないな…」と諦めるしかない。

8.2　品詞の中に変数を見出す

名詞と動詞と形容詞と前／後前置詞の関係を暴け！

３度と７度の「長」と「短」の組み合わせでコードを捉えることができるのなら、そして音楽理論と文法理論がどこかでつながっているのであれば、言語にも (6) に相当するものがあるはずだ。言語にも (6) のようなものがはたしてあるのか、これから探っていこう。

第６章で、日本語と英語の間には次のような特徴があることを見た。

(7)　日本語では絶対必用なものが後ろにくるのに対し、英語では前にくる。なお、日本語でも英語でも、なくてもかまわないものは頭にくる。

そして、この日本語と英語の違いを導くにあたり、次のような日本語の表現や、

(8)　日本語の名詞句と動詞句と形容詞句と後置詞句

日本語の表現	タイプ	なくてもかまわないもの	ないと困るもの	絶対必要なもの
そのユダヤ人の虐殺	名詞句	その	ユダヤ人の	**虐殺**
しょっちゅうその本を読む	動詞句	しょっちゅう	その本を	**読む**
めちゃくちゃおばけが怖い	形容詞句	めちゃくちゃ	おばけが	**怖い**
ちょうどその部屋で	後置詞句	ちょうど	その部屋	**で**

次のような英語の表現についていろんな角度から眺めてみた。

(9)　英語の名詞句と動詞句と形容詞句と前置詞句

英語の表現	タイプ	なくてもかまわないもの	絶対必要なもの	ないと困るもの
the genocide of Jews	名詞句	the	**genocide**	of Jews
often read the book	動詞句	often	**read**	the book
so afraid of ghost	形容詞句	so	**afraid**	of ghost
just at the room	前置詞句	just	**at**	the room

日本語でも英語でも、そして他の言語でも、基本、名詞句と動詞句と形容詞句と前／後置詞句が中心になって文がつくられている。つまり、人間の言語は、名詞句と動詞句と形容詞句と前／後置詞句の４つがメインのパーツになってつくられている。では、これら４つのものは互いにどのような関係にあるのだろうか。名詞と動詞、そして形容詞と前／後置詞を構成している「成分」に着目してこの問題について考えてみたい。

±N と±V：名詞的特性の有無と動詞的特性の有無

名詞と動詞と形容詞と前／後置詞の４つのうち、中心的な働きをしているのは前者２つである。つまり、名詞と動詞である。そこで、この２つを基準にして名詞と動詞、そして形容詞と前／後置詞の性質について考えていこう。

名詞を英語で Noun という。そこで名詞を略して N と表記しよう。動詞を英語で Verb といい、形容詞を Adjective といい、前置詞と後置詞はそれぞれ Preposition と Postposition という。そこで、名詞を N と略式表記したように、動詞と形容詞と前／後置詞も、それぞれ、略式で V, A, P と表記しよう。以下が、これから使う名詞と動詞と形容詞と前／後置詞の略式表記の一覧となる。

(10)　名詞と動詞と形容詞と前／後置詞の英語表記とその略式名称

品詞	英語表記	略式表記
名詞	Noun	N
動詞	Verb	V
形容詞	Adjective	A
前／後置詞	Preposition/Postposition	P

さて、名詞と動詞を基準にして、これから、名詞と動詞と形容詞と前／後置詞の特性を見ていくが、その下準備として、まずは、名詞的な特性を [+N] と表記し、動詞的な特性を [+V] と表記しよう。そうなると、名詞は [+N, −V] と表記でき、それに対して動詞は [−N, +V] と表記できる。名詞は名詞的な特性はもつが動詞的な特性はもたず、動詞は動詞的な特性はもつが名詞的な特性はもたないからだ。

名詞と動詞と形容詞と前／後置詞は何からできている？

では、形容詞と前／後置詞はどうだろうか。形容詞は動詞と同様に述語になれる。つまり、「○○が△△だ」の「△△だ」の部分になれる。このことから、形容詞は動詞的だといえる。その一方で、形容詞は名詞的でもある。形容詞が名詞を修飾できるのは、形容詞が名詞的で名詞との相性がいいからに他ならないからだ。そこで、形容詞は、名詞と動詞の両方の特性をもっているということで、[+N, +V] と表記しよう。

最後、前／後置詞であるが、これは [−N, −V] と表記して問題がないであろう。前／後置詞は、名詞のように具体的なモノやコトを言い表すことができないし、動詞のように動作や状態を言い表すこともない。すなわち、前／後置詞は、名詞や動詞とは異なり、具体的な内容に欠き、もっぱら語と語をつなぐ「ちょうつがい」のような働きしかもっていない。このようなことから、前／後置詞を [−N, −V] と表記しよう。これらのことを踏まえると、名詞と動詞と形容詞と前／後置詞は、それぞれ、次のようにまとめることができる。

(11) 名詞と動詞と形容詞と前／後置詞の成分表

±V / ±N	+V	−V
+N	A	N
−N	V	P

[−N] は格を与える力をもっている

表 (11) を使うと、実は、日本語と英語のさまざまな特徴を簡潔かつ的確に捉えることができる。その例を 1 つだけ紹介しよう。日本語の動詞句「りんごを食べた」にしても、英語の動詞句 kissed him にしても、目的語は格をもっている。とくに目的格というものをもっている。「りんごを食べた」では、目的語の「りんご」が「を」という目的格を外付けする形でもっている。一方、kissed him では、代名詞の him が、主格の he や所有格の his とは形が違うことからもわかるように、自分自身の中に目的格を組み込む形でもっている。また、日本語の後置詞句「東京から」や英語の前置詞句 from Tokyo にしても、形としては現れていないが、「東京」も Tokyo も斜格という特別な格をもっている。

このように名詞句は格をもっているが、その格は、動詞や前／後置詞からもらっている。このことからわかるように、動詞と前／後置詞は格を与える力をもっているのである。これを、(11) の表に則していうと、次のようにいうことができる。

(12)　[−N] のものは格を与える力をもっている。

表 (11) を仮定すると、実は、(12) のような規則というか原理のようなものをいくつも見つけることができるのである。これは、品詞の成分表 (11) が、たんなる仮説でしかないが、それでも信頼するに値するものであることを示している。仮説は、信頼度が十分に高くなるとやがて定理や原理となるが、科学における仮説とはそのような位置づけにあるのだ。

コードと品詞：音楽理論と文法理論のインフラ整備

あらためて (6) と (11) を見てもらいたい。

(6)　3度と7度の組み合わせ

3度＼7度	短7度	長7度
短3度	○ m7	○ mM7
長3度	○ 7	○ M7

(11)　名詞と動詞と形容詞と前／後置詞の成分表

±N＼±V	+V	−V
+N	A	N
−N	V	P

(6) は、ある意味、コードの成分表であり、成分の調合次第でいろんなカラーのコードができることを示している。一方、(11) は品詞の成分表であり、成分の調合次第で名詞や動詞、さらには形容詞や前／後置詞ができることを示している。コードも品詞も、それぞれ、音楽理論と文法理論のインフラそのものである。理論の基礎となるものが、ともに、成分表の形で表せることは驚きである。このような分析ができるのも、期待を込めて言うのであれば、音楽と言語はベースとなるものが同じであるからだ。

コラム

日本語でロックができるのか？

英語はリズミカルであるのに対し、日本語はリズミカルでない。そして、音楽にはリズムがある。とくに、ロックではリズムが命である。よって、三段論法を持ち出すまでもなく、「はたして日本語でロックができるのか……」という問題が浮上してくる。

1966年、ビートルズが来日して日本武道館でライヴを行った。このビートルズの来日公演をきっかけに、当時日本にあったグループサウンズ（GS）も本格的にロックな曲に挑戦するようになった。そこで浮上してきたのが、先ほど紹介した「はたして日本語でロックができるのか……」という問題である。

ロックは英語でやるべきだ！というスタンスで当時やっていたのが、内田裕也率いるフラワー・トラベリン・バンドである。その一方、「日本語でもやろうと思えばロックできんじゃね？とりあえずやってみようぜ」というスタンスでやっていたのが、はっぴいえんどである。日本の音楽をつくってきた重鎮、細野晴臣と大瀧詠一、そして松本隆と鈴木茂によって結成されたバンドである。はっぴいえんどが1971年にアルバム『風街ろまん』を出し、これが成功を収めたことにより、とりあえず「はたして日本語でロックができるのか……」という問いに答えが出された。Yesである。

矢沢永吉が率いるキャロルが、その後、日本語と英語をごちゃまぜにして、しかも巻き舌で歌うことにより、「はたして日本語でロックができるのか……」という問いに彼らなりの形で答えを与えようとした。

それからサザンオールスターズが出てきて、歌詞に工夫を凝らすことにより、日本語でも激しいロックのビートに乗せられるようにした。たとえば、「夕方 hold on me 」と You've gotta hold on me を掛けて、英語の発音で日本語のメッセージを伝えることにチャレンジした。さらに、「日本語でもシャンソンが歌えるのか」という問いに答えようとしたのか、サザンオールスターズは、「もう十分ですわ」と 'moi,je,vous,de soir' を掛けて、フランス語の発音で日本語のメッセージを伝えることにもチャレンジした。

その後、B'zがふつうの日本語の歌詞でヘビィなサウンドに乗せて歌うことを試みた。また、ハードコア・パンクの分野では、マキシマム ザ ホルモンが出てきて、日本語を解体することにより、ラウドでハードなサウンドにも日本語の歌詞が耐えるようにした。英語に聞こえるコトバで最高のポップパンクを奏でたB-DASHは、ある意味、「はたして日本語でロックができるのか……」の問いへの最適解だとも言える。その意味では、岡崎体育はB-DASHと同じ路線のアーティストである。

8.3 日本語の構造と英語の構造

品詞の成分表から変数をあぶり出せ！

さて、(6) と (11) をもう一度見比べてもらいたい。(6) と (11) を下に繰り返す。

(6) 3度と7度の組み合わせ

3度＼7度	短7度	長7度
短3度	◯m7	◯mM7
長3度	◯7	◯M7

(11) 名詞と動詞と形容詞と前／後置詞の成分表

±N＼±V	+V	−V
+N	A	N
−N	V	P

(6) と (11) では1つ大きな違いがある。それは、(6) には◯で表された変数があるのに対し、(11) にはそのような変数がないということだ。これまでの話から察せられるように、音楽理論にあるものは、おそらく、文法理論にもあるはずだ。そしてその逆もしかりであるはずだ。だとしたら、(11) に変数がないのは見方が悪いからで、見方を変えれば (11) にも変数が見つかるはずだ。では、見方を変えて (11) に変数を探し求めてみよう。

日本語の構造

再度、次の（8）を見てもらいたいが、

（8）日本語の名詞句と動詞句と形容詞句と後置詞句

日本語の表現	タイプ	なくてもかまわないもの	ないと困るもの	絶対必要なもの
そのユダヤ人の虐殺	名詞句	その	ユダヤ人の	**虐殺**
しょっちゅうその本を読む	動詞句	しょっちゅう	その本を	**読む**
めちゃくちゃおばけが怖い	形容詞句	めちゃくちゃ	おばけが	**怖い**
ちょうどその部屋で	後置詞句	ちょうど	その部屋	**で**

このデータをもとに日本語の構造といったものを考えてみよう。まずは、名詞句の「そのユダヤ人の虐殺」の構造について考えてみよう。この表現の中心となるのは「虐殺」である。というのも、この「虐殺」が名詞句「そのユダヤ人の虐殺」の「絶対必要なもの」だからだ。この絶対必要な「虐殺」にとって「ないと困るもの」が「ユダヤ人の」である。この「ないと困るもの」である「ユダヤ人の」と「絶対必要なもの」である「虐殺」の2つは非常に密接な関係にある。よって、この2つは、構造的には、次のように表記することができる。

（13）「絶対必要なもの」と「ないと困るもの」の密接な関係

ユダヤ人の　虐殺

名詞句「そのユダヤ人の虐殺」の残りの「その」であるが、これは「なくてもかまわないもの」なので、中心となる「虐殺」とは密接な関係にはない。よって、「その」は「虐殺」とはダイレクトにつながっておらず、何かワンクッションおいて「虐殺」とつながっていると考えられる。構造的には次のようになると考えられる。

(14)「なくてもかまわないもの」はワンクッションおいて「絶対必要なもの」と結びついている

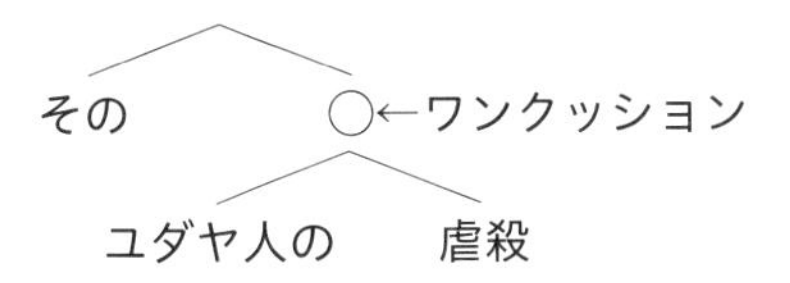

「ないと困るもの」の「ユダヤ人の」と名詞の「虐殺」がセットになり、そのセットと「なくてもかまわないもの」の「その」がドッキングして名詞句の「そのユダヤ人の虐殺」ができあがっている。(14) は名詞が名詞句に成長していく過程を表しているといえる。

(10) で見たように、名詞を Noun という。そして名詞が成長してできた名詞句を Noun Phrase という。そこで、略して、名詞を N、名詞句を NP とし、成長過程にある分岐点を N′ と表記すると、(14) は次のように表記できる。

(15) 名詞句「そのユダヤ人の虐殺」の構造

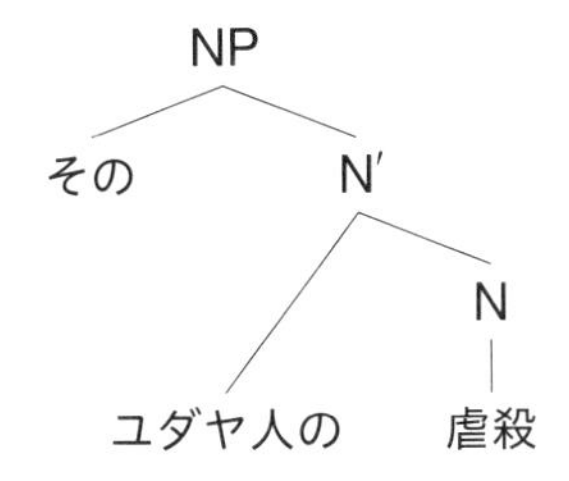

同じような議論が、動詞句の「しょっちゅうその本を読む」でも、形容詞句の「めちゃくちゃおばけが怖い」でも、そして後置詞句の「ちょうどその部屋で」でもすることができる。そして、それぞれの表現に対して、次のような構造を描くことができる。

(16) 動詞句「しょっちゅうその本を読む」の構造

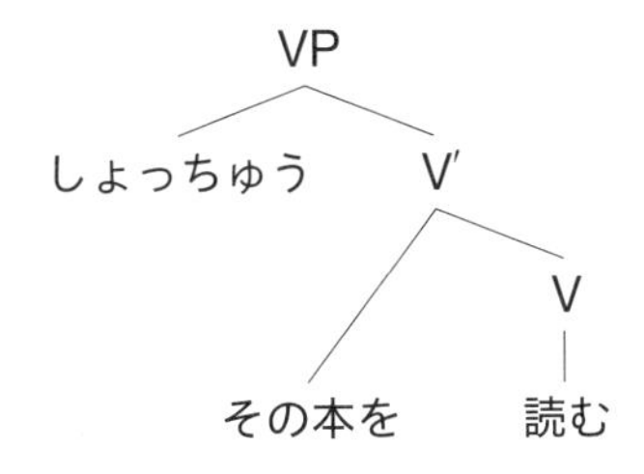

(17)　形容詞句「めちゃくちゃおばけが怖い」の構造

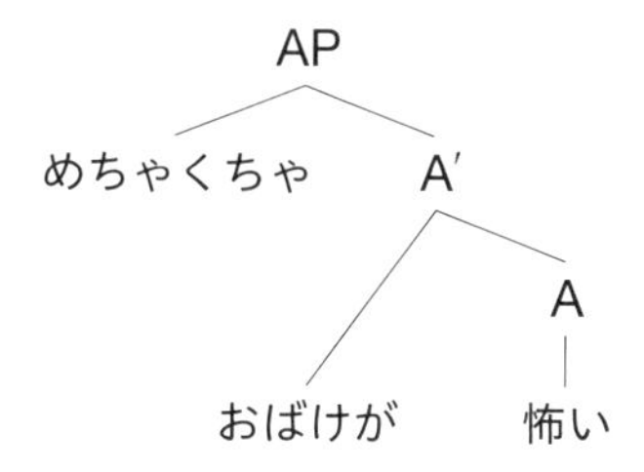

(18)　後置詞句「ちょうどその部屋で」の構造

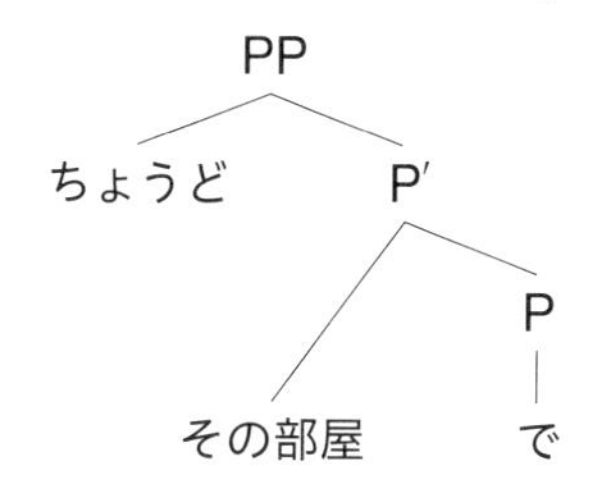

変数を抽出：同じ構造を 1 つにまとめろ！

（15）と（16）と（17）と（18）を見比べてみると一目瞭然、実は、名詞句も動詞句も形容詞句も後置詞句も同じ構造（つまり同じ形というか型）をしているのである。構造が同じなら、それらを 1 つにまとめることができる。1 つにまとめたものが次のものである。

(19)　日本語の構造

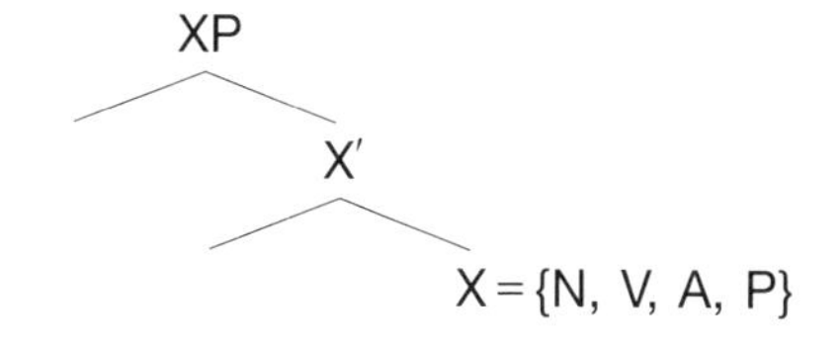

上の構造において、X は変数であり、そこに値として N と V と A と P が入る。変数 X に N が入れば NP（つまり名詞句）ができあがり、V が入れば VP（つまり動詞句）ができあがる。そして、A が入れば AP（つまり形容詞句）ができあがり、P が入れば PP（後置詞句）ができあがる。

（11）の N, V, A, P は、実は、（19）の X に入る値であったのだ。これでもうおわかりかと思うが、(11) のNとVとAとPの背後には、まさに、(6) に見られるような変数があり、(11) は (6) とほぼ同じ形をしているのである。

(6) 3度と7度の組み合わせ

3度＼7度	短7度	長7度
短3度	○ m7	○ mM7
長3度	○ 7	○ M7

(11) 名詞と動詞と形容詞と前／後置詞の成分表

±N＼±V	+V	−V
+N	A	N
−N	V	P

音楽理論は、やはり、どこかで文法理論とつながっているのである。

英語の構造

さて、日本語の基本構造 (19) をあぶり出したところで、今度は、英語の基本構造をあぶり出してみよう。まずは、名詞句の the genocide of Jews の構造について考えてみよう。この表現の中心となるのは genocide である。というのも、この genocide が名詞句 the genocide of Jews の「絶対必要なもの」だからだ。この絶対必要な genocide にとって「ないと困るもの」が of Jews である。この「ないと困るもの」である of Jews と「絶対必要なもの」である genocide の2つは非常に密接な関係にある。よって、この2つは、構造的には次のように表記することができる。

(20) 「絶対必要なもの」と「ないと困るもの」の密接な関係

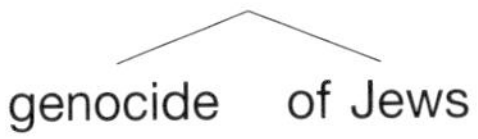

genocide　of Jews

名詞句 the genocide of Jews の残りの the であるが、これは「なくてもかまわないもの」なので、中心となる genocide とは密接な関係にはない。よって、the は genocide とはダイレクトにつながっておらず、何かワンクッションおいて genocide とつながっていると考えられる。よって、構造的には次のように表すことができる。

(21)「なくてもかまわないもの」はワンクッションおいて「絶対必要なもの」と結びついている

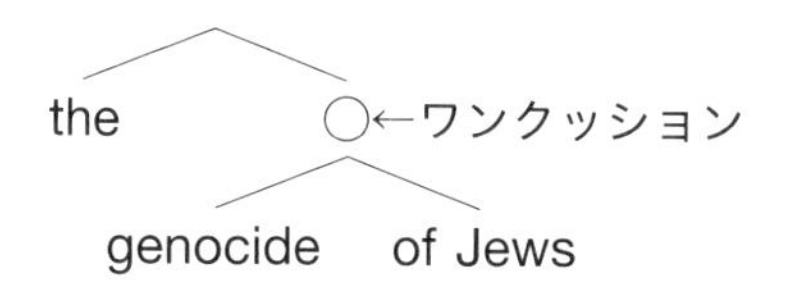

「ないと困るもの」の of Jews と名詞の genocide がセットになり、そのセットと「なくてもかまわないもの」の the がドッキングして名詞句の the genocide of Jews ができあがっている。(21) は名詞が名詞句に成長していく過程を表しているといえる。

(10) で見たように、名詞を Noun という。そして名詞が成長してできた名詞句を Noun Phrase という。そこで、(15) と同様に、名詞を N、名詞句を NP とし、成長過程にある分岐点を N′ と表記すると、(21) は次のように表記できる。

(22) 名詞句 the genocide of Jews の構造

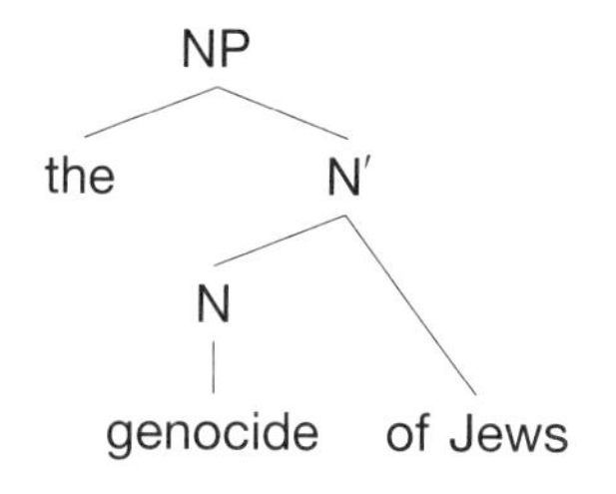

同じような議論が、動詞句の often read the book でも、形容詞句の so afraid of ghost でも、そして前置詞句の just at the room でもすることができる。そして、それぞれの表現に対して、次のような構造を描くことができる。

(23) 動詞句 often read the book の構造

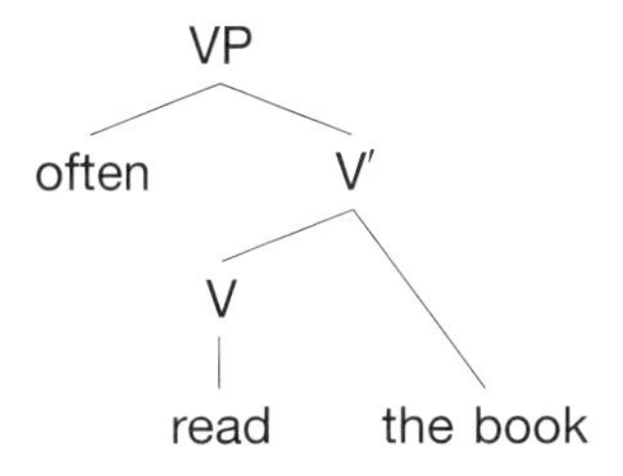

(24) 形容詞句 so afraid of ghost の構造

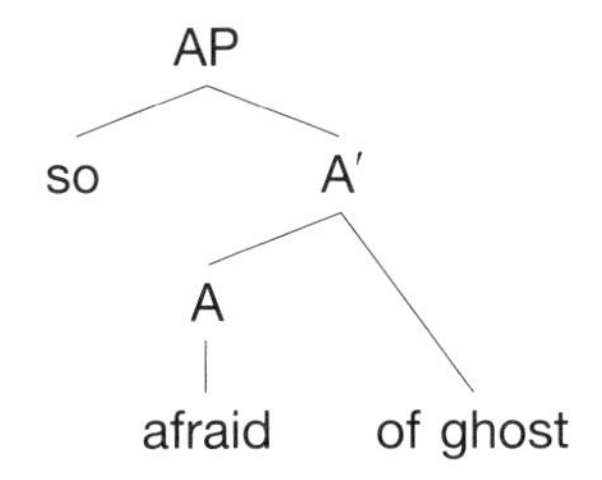

(25) 前置詞句 just at the room の構造

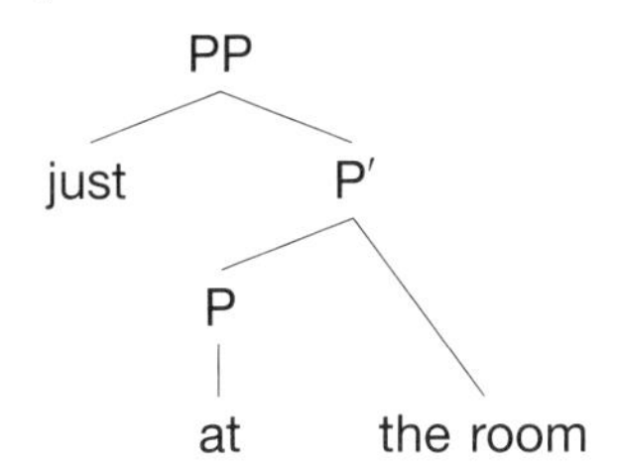

(22) と (23) と (24) と (25) を見比べてみると一目瞭然、実は、名詞句も動詞句も形容詞句も前置詞句も同じ構造（つまり同じ形というか型）をしているのである。構造が同じであるなら、それらを 1 つにまとめることができる。1 つにまとめたものが次のものである。

(26) 英語の構造

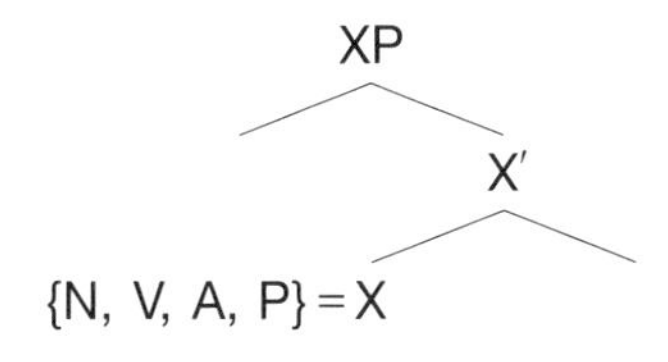

上の構造において、X は変数であり、そこに値として N と V と A と P が入る。
　変数 X に N が入れば NP（つまり名詞句）ができあがり、V が入れば VP（つまり動詞句）ができあがる。そして、A が入れば AP（つまり形容詞句）ができあがり、P が入れば PP（前置詞句）ができあがる。英語の品詞 N, V, A, P(reposition) も、日本語の品詞 N, V, A, P(ostposition) 同様に、変数 X に入る値にすぎないのだ。
　日本語でも英語でも、そして他の言語でも、基本、名詞句と動詞句と形容詞句と前／後置詞句が中心になって文がつくられる。つまり、人間の言語は、名詞句と動詞句と形容詞句と前／後置詞句の 4 つがベースになってつくられている。これら 4 つのものが人間の言語の必須アイテムなのである。そして、どの句も（19）と（26）の形をしていて、句の中心となる N や V や A や P は、どれも、変数 X に入る値に過ぎないのだ。

（19）　日本語の構造

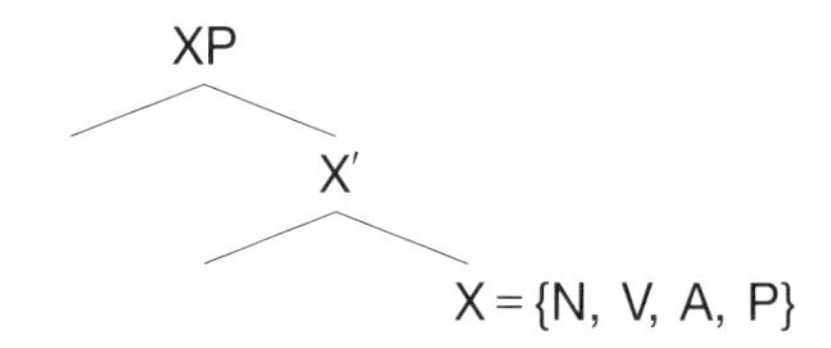

（26）　英語の構造

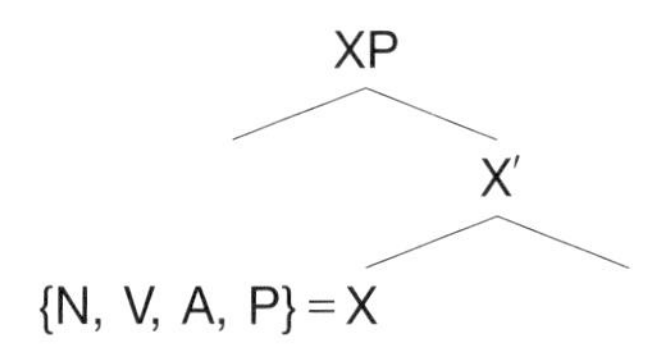

　日本語の構造と英語の構造は基本的に同じである。そして、言語を問わず、人間の言語ならどれも、(19) か (26) のどちらかの構造をもっているのである。そして、この言語の構造は、音楽の構造とシステム的にはほぼ同じだといえる。次の章では、日本語と英語の構造をさらに掘り下げ、言語にとっての構造とは何か、そして音楽にとっての構造とは何なのか ── この 2 つの問いに取り組んでいきたいと思う。

9 音楽理論には関数があちこちにある

9.1 コードのレシピ：1個飛ばしで音を重ねろ

ハ長調の音をベースにコードをつくる

ドレミファソラシド♪これは、実は、ハ長調という音階のことである。ハ長調とは、第2章で見たように、ハの音つまりCをスタートにして、次の間隔で並べられた音の配列のことである。

（1） 長調の音の配列
全全半全全全半

ハ長調の音階を英語表記で表すと次のようになるが、

（2） ハ長調の音の配列
C D E F G A B

個々の音をベースに、音を1個飛ばしに重ねていくと、それがコード（和音）になる。3つ重ねるとトライアドコードができ、4つ重ねるとテトラッドコードができる。

ハ長調から生まれるコードその1：Cメジャーコード（C）

まずは、(2)のC（ドつまりハの音）を基準にして考えてみよう。

（2） ハ長調の音の配列
C D E F G A B

Cの1個飛ばしの音はEであり、Eの1個飛ばしの音はGである。次の鍵盤のイラストを見るとわかるように、CとEは長3度の関係（半音4個分の距離）にあり、CとGは完全5度の関係（半音7個分の距離）にある。

（3） C メジャーコード（C）で使われる鍵盤

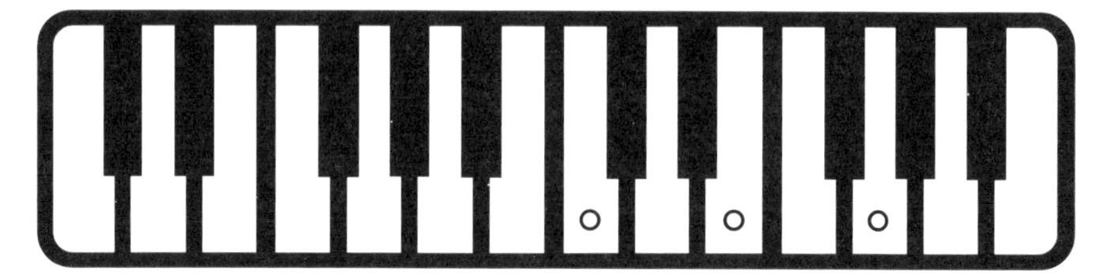

長 3 度の音が使われたコードはメジャーコードである。よって、C と E と G の音を重ねたトライアドコードは、主音が C なので、C メジャーコード（C）となる。

ハ長調から生まれるコードその 2：D マイナーコード（Dm）

今度は、（2）の D（レつまり二の音）を基準に考えてみよう。

（2） ハ長調の音の配列
C D E F G A B

D の 1 個飛ばしの音は F であり、F の 1 個飛ばしの音は A である。次の鍵盤のイラストからわかるように、D と F は短 3 度の関係（半音 3 個分の距離）にあり、D と A は完全 5 度の関係（半音 7 個分の距離）にある。

（4） D マイナーコード（Dm）で使われる鍵盤

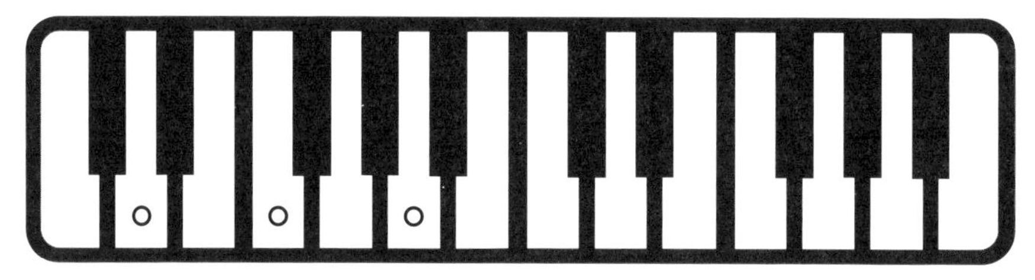

短 3 度の音が使われたコードはマイナーコードである。よって、D と F と A の音を重ねたトライアドコードは、主音が D なので、D マイナーコード（Dm）となる。

ハ長調から生まれるコードその3：E マイナーコード（Em）

次は、(2) の E（ミつまりホの音）を基準に考えてみよう。

(2)　ハ長調の音の配列

C D E F G A B

E の 1 個飛ばしの音は G であり、G の 1 個飛ばしの音は B である。次の鍵盤のイラストからわかるように、E と G は短 3 度の関係（半音 3 個分の距離）にあり、E と B は完全 5 度の関係（半音 7 個分の距離）にある。

(5)　E マイナーコード（Em）で使われる鍵盤

短 3 度の音が使われたコードはマイナーコードである。よって、E と G と B の音を重ねたトライアドコードは、主音が E なので、E マイナーコード（Em）となる。

ハ長調から生まれるコードその4：F メジャーコード（F）

もう少し見てみよう。今度は (2) の F（ファつまりヘの音）を基準に考えてみよう。

(2)　ハ長調の音の配列

C D E F G A B

F の 1 個飛ばしの音は A であり、A の 1 個飛ばしの音は C である。次の鍵盤のイラストからわかるように、F と A は長 3 度の関係（半音 4 個分の距離）にあり、F と C は完全 5 度の関係（半音 7 個分の距離）にある。

（6） F メジャーコード（F）で使われる鍵盤

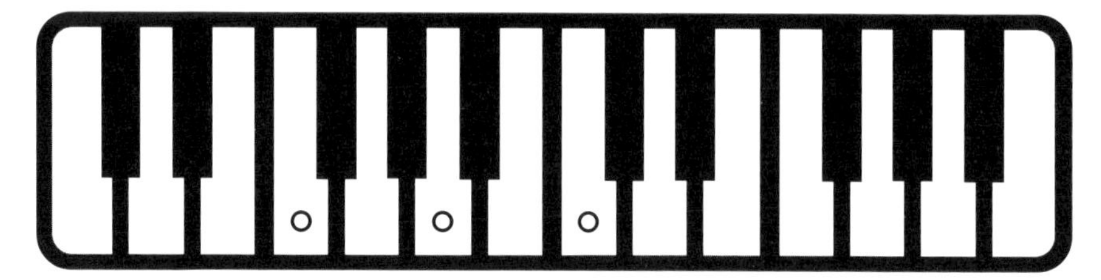

長 3 度の音が使われたコードはメジャーコードである。よって、F と A と C の音を重ねたトライアドコードは、主音が F なので、F メジャーコード（F）となる。

基準となる音が G のときも、さらに A のときも、これまでと同じように扱うことができる。基準の音が G のときは、基準の音が C や F のとき同様、メジャーコードになり、基準の音が A のときは、基準の音が D や E のとき同様、マイナーコードになる。各自で確認してみよう。

ハ長調から生まれるコードその 5：Bm$^{(\flat 5)}$

問題は基準の音が B（シつまりロの音）のときだ。（2）の C D E F G A B を 2 回繰り返した次の（7）を見てもらいたい。

（7） C D E F G A B C D E F G A B

B の 1 個飛ばしの音は D であり、D の 1 個飛ばしの音は F である。次の鍵盤のイラストからわかるように、B と D は短 3 度の関係（半音 3 個分の距離）であり、B と F は増 4 度（半音 6 個分の距離）にある（第 6 章参照）。

（7） Bm$^{(\flat 5)}$ で使われる鍵盤

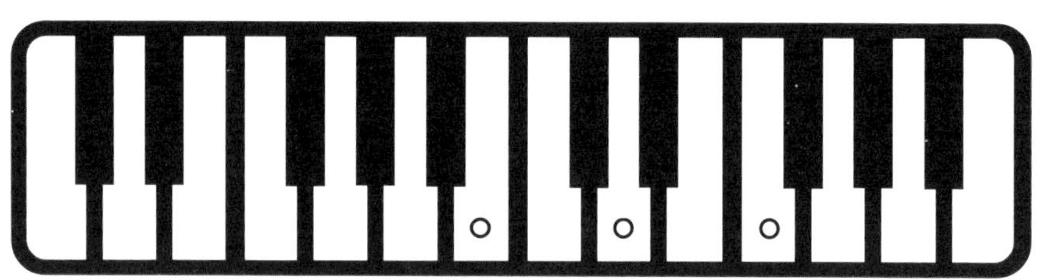

これまで見てきたものは、どれも、規準となる音と3つ目の音の関係が完全5度だった。そこで、ここでも、完全5度を規準に考え、増4度ということばは使わず、あえて、減5度ということばを使おうと思う。なお、減5度の「減」とは完全5度より半音1個分少ないことを意味する。

(2) のBを規準の音にしたとき、上で見たように、3度の音は短3度である。よって、Bを規準にしたコードはマイナーコードになる。また、5度の音は、いま見たように、減5度である。「減」をフラット（♭）で表す。よって、BとDとFの音を重ねたトライアドコードは $\mathrm{Bm}^{(\flat 5)}$ となる。

ハ長調からできるコードのまとめ

これまでの話をまとめよう。まず、ハ長調の次の7つの音をベースに、

(2) ハ長調の音の配列

C D E F G A B

それぞれの音を規準にして、1個飛びで音を3つ重ねてトライアドコードをつくった。

第6章で次のような「距離の略称」を紹介したが、

(8) 度数の略式名称

半音の数	距離の名称	距離の略称
0	完全1度	P1
1	短2度	m2
2	長2度	M2
3	短3度	m3
4	長3度	M3
5	完全4度	P4
6	増4度	aug4
7	完全5度	P5
8	短6度	m6
9	長6度	M6
10	短7度	m7
11	長7度	M7
12	完全8度	P8

この「距離の略称」を使うと、ハ長調からできるコードは次のようにまとめることができる。

(9) ハ長調からできるコードとその構成音

基準となる音	構成音	コード
C	C E (M3) G (P5)	C
D	D F (m3) A (P5)	Dm
E	E G (m3) B (P5)	Em
F	F A (M3) C (P5)	F
G	G B (M3) D (P5)	G
A	A C (m3) E (P5)	Am
B	B D (m3) F (aug4/♭5)	Bm(♭5)

どのコードの構成音もハ長調（キー C）の構成音である。よって、次のコードは、キー C の曲では、基本、自由に使うことができる。

(10) キー C の曲で使えるトライアドコード
C Dm Em F G Am Bm(♭5)

アドリブをするにしても、キー C の曲であれば、コードが G であっても、Am であっても、Em であっても、キー C の構成音（つまり C, D, E, F, G, A, B）を使ってフレーズを弾く限り音を外すことはない。

コラム

ジミヘンコードはジミヘンの「体臭」

いろんな分野で「世界３大○○」といった表現を見かける。ロックというかギタリストの世界も例外ではない。「世界の３大ギタリストというと、エリック・クラプトンとジミー・ペイジとジェフ・ベックだよね」といったものが決まり文句（クリシェ）である（「クリシェ」についてはコラム「音楽のクリシェと言語の情報構造」も参照）。

彼らはすばらしいギタリストであるが、彼らとは次元の違うところで一目も二目も置かれるギタリストがいる。いや、かつていた。エディ・ヴァン・ヘイレンとジミ・ヘンドリックスである。この2人と最近亡くなられた「3大ギタリスト」の1人ジェフ・ベックは、文字通り、そして大げさな話でなく、ギターの使い方をまったく変えてしまった。

私にとっての3大ギタリスト、エディ・ヴァン・ヘイレンとジミ・ヘンドリックスとジェフ・ベックのうち、いろんな意味で破壊的でギターの概念を変えてしまったのが、他の誰でもない、ジミ・ヘンドリックスである。ジミ・ヘンドリックスのギターを聴くと、独特の響きが感じられる。その「独特の響き」がギターの音色（トーン）であることは言うまでもないが、それ以上に、ジミ・ヘンドリックスをジミ・ヘンドリックスたらしめているジミ・ヘンドリックス独特のコードをあげることができる。いわゆる「ジミヘンコード」というものだ。

ジミ・ヘンドリックスは、曲の中でよく○7(#9)というコードを使う。○は変数で、そこに曲のキー（やスケールの構成音）が入る。この○7(#9)であるが、なんともいえない響きがする。人を不安にさせ、聴く人の心をざわつかせる、そんな不思議な響きがする。

○7(#9)はよくジャズで使われるのであるが、それをロックに導入したのがジミ・ヘンドリックスである。実は、このジミヘンコード、あるところでも使われている。それが緊急地震速報である（緊急地震速報の構成音については、コラム「踏切の音と緊急地震速報」を参照）。緊急地震速報の生みの親はジミ・ヘンドリックスというかジミヘンコードであるのだ。

このジミヘンコードも、今ではフリー素材化し、いろんなアーティストが楽曲の中で「ここぞ！」というときに使っている。たとえば、邦楽を例にすると、米津玄師の『パプリカ』のAメロで使われているし、Official髭男dismの『ノーダウト』のイントロでも使われている。さらにアニソンだと、オーイシマサヨシの『ようこそジャパリパークへ』のAメロでも使われている。

ジミヘンコードは、言語でいうと、作品の「匂い」というか作家の「体臭」のようなものだといえよう。「あ、これって村上春樹と同じ匂いがするよね」というあの「匂い」である。ジミヘンコードはジミ・ヘンドリックスの「体臭」そのものである。

ニ長調の音をベースにコードをつくる

ハ長調で使えるコードについて見たところで、今度は、ニ長調で使えるコードについて見てみよう。ニ長調についても見てみるのは、この先あきらかになるが、音楽理論と文法理論にある共通した「何か」を炙り出すためである。

ニ長調とは、第2章で見たように、ニの音つまりDをスタートにして、(1)の間隔で並べられた音の配列のことである。(1)を下に繰り返す。

(1) 長調の音の配列
　　全全半全全全半

ニ長調を英語表記で表すと、これまたすでに2章で見たように、次のようになるが、

(11) ニ長調の音の配列
　　D E F# G A B C#

個々の音をベースに、音を1個飛ばしに重ねていくと、それがニ長調の曲で使えるコード(和音)になる。

ニ長調から生まれるコードその1：Dメジャーコード(D)

まずは、(11)のD(レつまりニの音)を基準にして考えてみよう。

(11) ニ長調の音の配列
　　D E F# G A B C#

Dの1個飛ばしの音はF#であり、F#の1個飛ばしの音はAである。次の鍵盤のイラストからわかるように、DとF#は長3度の関係(半音4個分の距離)にあり、DとAは完全5度の関係(半音7個分の距離)にある。

(12)　D メジャーコード（D）で使われる鍵盤

長 3 度の音が使われたコードはメジャーコードである。よって、D と F# と A の音を重ねたトライアドコードは、主音が D なので、D メジャーコード（D）となる。

ニ長調から生まれるコードその 2：E マイナーコード（Em）

今度は、（11）の E（ミつまりホの音）を基準に考えてみよう。

(11)　ニ長調の音の配列
D E F# G A B C#

E の 1 個飛ばしの音は G であり、G の 1 個飛ばしの音は B である。次の鍵盤のイラストからわかるように、E と G は短 3 度の関係（半音 3 個分の距離）にあり、E と B は完全 5 度の関係（半音 7 個分の距離）にある。

(13)　E マイナーコード（Em）で使われる鍵盤

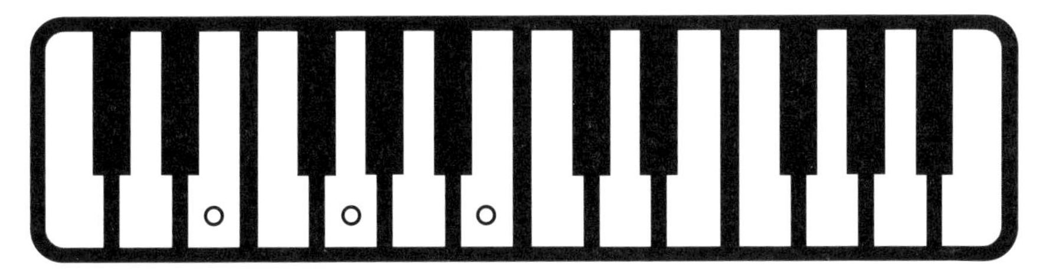

短 3 度の音が使われたコードはマイナーコードである。よって、E と G と B の音を重ねたトライアドコードは、主音が E なので、E マイナーコード（Em）となる。

ニ長調から生まれるコードその3：F#マイナーコード（F♯m）

次は（11）のF#（ファ# つまり嬰への音）を基準に考えてみよう。

（11） ニ長調の音の配列

D E F# G A B C#

F# の1個飛ばしの音はAであり、Aの1個飛ばしの音はC# である。次の鍵盤のイラストからわかるように、F# とAは短3度の関係（半音3個分の距離）にあり、F# とC# は完全5度の関係（半音7個分の距離）にある。

（14） F# マイナーコード（F#m）で使われる鍵盤

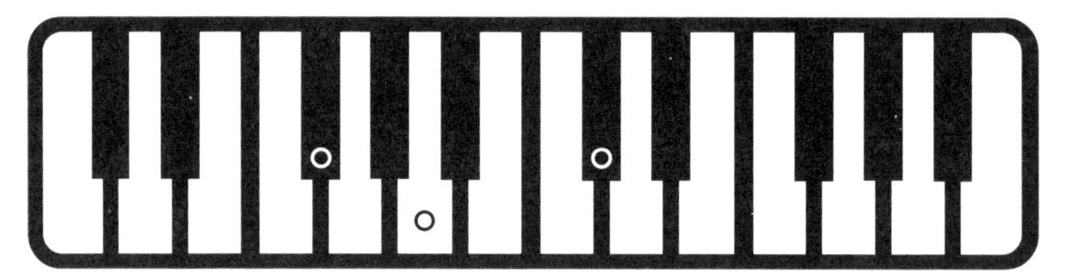

短3度の音が使われたコードはマイナーコードである。よって、F# とAとC# の音を重ねたトライアドコードは、主音がF# なので、F# マイナーコード（F#m）となる。

ニ長調から生まれるコードその4：G メジャーコード（G）

もう少し見てみよう。今度は（11）のG（ソつまりトの音）を基準に考えてみよう。

（11） ニ長調の音の配列

D E F# G A B C#

Gの1個飛ばしの音はBであり、Bの1個飛ばしの音はDである。次の鍵盤のイラストからわかるように、GとBは長3度の関係（半音4個分の距離）にあり、GとDは完全5度の関係（半音7個分の距離）にある。

(15) G メジャーコード (G) で使われる鍵盤

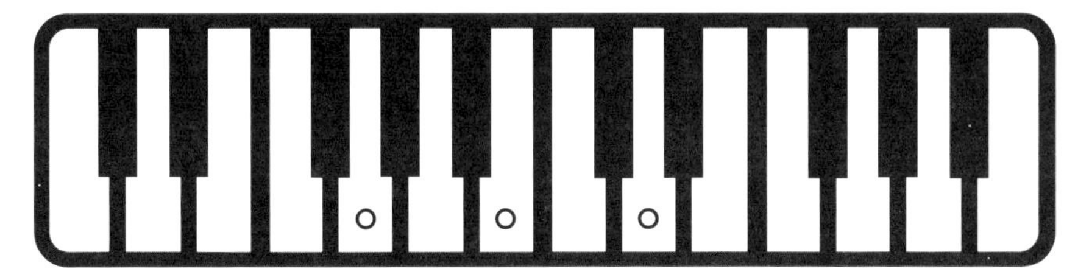

長 3 度の音が使われたコードはメジャーコードである。よって、G と B と D の音を重ねたトライアドコードは、主音が G なので、G メジャーコード (G) となる。

基準となる音が A のときも、さらに B のときも、これまでと同じように扱うことができる。基準の音が A のときは、基準の音が D や G のとき同様、メジャーコードになり、基準の音が B のときは、基準の音が E や F# のとき同様、マイナーコードになる。各自で確認してみよう。

ニ長調から生まれるコードその 5：C#m$^{(♭5)}$

問題は基準の音が C#（ド# つまり嬰ハの音）のときだ。(11) の D E F# G A B C# を 2 回繰り返した次の (16) を見てもらいたい。

(16) D E F# G A B C# D E F# G A B C#

C# の 1 個飛ばしの音は E であり、E の 1 個飛ばしの音は G である。次の鍵盤のイラストからわかるように、C# と E は短 3 度の関係（半音 3 個分の距離）であり、C# と G は増 4 度すなわち減 5 度（半音 6 個分の距離）の関係にある。

(17) C#m$^{(♭5)}$ で使われる鍵盤

短３度の音が使われたコードはマイナーコードである。そして、減５度の音が使われたコードには♭5がつく。よって、C# と E と G の音を重ねたトライアドコードは、主音が C# なので、C#m(♭5) になる。

二長調からできるコードのまとめ

これまでの話をまとめよう。まず、二長調の次の７つの音をベースに、

(11) 二長調の音の配列
D E F# G A B C#

それぞれの音を規準にして、１個飛びで音を３つ重ねて、次のようなコードをつくった。

(18) 二長調からできるコードとその構成音

基準となる音	構成音	コード
D	D　F#(M3)　A（P5）	D
E	E　G（m3）　B（P5）	Em
F#	F#　A（m3）　C#(P5)	F#m
G	G　B（M3）　D（P5）	G
A	A　C#(M3)　E（P5）	A
B	B　D（m3）　F#(P5)	Bm
C#	C#　E（m3）　G（aug4/♭5）	C#m(♭5)

二長調すなわちキーが D の曲では、基本、次のコードが使えるのだが、

(19) キー D の曲で使えるトライアドコード
D Em F#m G A Bm C#m(♭5)

それは、どのコードの構成音もキー D の構成音であるからだ。そして、アドリブをするにしても、キー D の曲であれば、コードが A であっても、Bm であっても、F#m であっても、キー D の構成音（つまり D, E, F#, G, A, B, C#）を使ってフレーズを弾く限り音を外すことはない。

コラム

文法の五度圏を探せ！

音楽には、次のような五度圏というものがある。

(i)　五度圏

頂上にあるCから右回りに完全5度ずつ音を拾い上げていくと、12回やったところでCに戻ってくる。同じように、頂上にあるCから今度は左回りに完全4度ずつ音を拾い上げていくと、12回やったところで、同じように、Cに戻ってくる。しかも、その12回の音の拾い上げで、1オクターブ内の音がすべて出てくる。

この五度圏には、音楽理論に必要な知識がいたるところに、しかもいろんなかたちで、見られる。まさに音楽理論の魔法陣である。五度圏について興味をもたれた方は、ぜひ、書籍などを紐解いて五度圏について調べてみてほしい。驚きの連続であることを保証する。

音楽理論にあることは、必ずや、文法理論にもあるはずだ。ならば、文法理論にも五度圏に相当するものがあるはずだ。私はまだ見つけることができていない。本書の読者の誰かが、文法理論の「五度圏」を探し出してくれるのを期待するばかりである。

9.2　仮説を立てて予想してみよう

ホ長調（キー E）で使えるコードを予想しろ！

キー C の曲で使えるトライアドコード（10）とキー D の曲で使えるトライアドコード（19）を見比べるとあることに気づくかと思う。（10）と（19）を下に繰り返す。

（10）　キー C の曲で使えるトライアドコード
C Dm Em F G Am Bm(♭5)

（19）　キー D の曲で使えるトライアドコード
D Em F#m G A Bm C#m(♭5)

「あること」とは「ある規則」の存在である。では、その「ある規則」に基づいて、キー E（ホ長調）の曲で使えるトライアドコードを予測してみてほしい。おそらく、次のように予測したのではないだろうか。

（20）　キー E の曲で使えるトライアドコード
E F#m G#m A B C#m D#m(♭5)

実際、キー E の 7 つの構成音 E F# G# A B C# D# からできるコードとその構成音は次のようになり（ホ長調の音階については第 2 章を参照）、

（21）　ホ長調からできるコードとその構成音

基準となる音	構成音	コード
E	E　G#(M3)　B（P5）	E
F#	F#　A（m3）　C#(P5)	F#m
G#	G#　B（m3）　D#(P5)	G#m
A	A　C#(M3)　E（P5）	A
B	B　D#(M3)　F#(P5)	B
C#	C#　E（m3）　G#(P5)	C#m
D#	D#　F#(m3)　A（aug4/♭5）	D#m(♭5)

予測通りである。

嬰ヘ長調（キー F#）で使えるコードを予想しろ！

もう 1 つだけ例を見てみよう。そして、頭の中にある「ある規則」の確からしさというか妥当性の高さを確認してみよう。今度はキーが F# の曲で使えるトライアドコードを予測してみてほしい。時間がかかっても、鍵盤のイラストを使うなり、(21) のような表をつくるなりして、各自で予測してみてほしい。

おそらく、次のように予測したのではないだろうか。

(22) キー F# の曲で使えるトライアドコード
F# G#m A#m B C# D#m E#m(♭5)

実際、キー F#(すなわち嬰へ長調）の 7 つの構成音 F# G# A# B C# D# E# からできるコードとその構成音は次のようになり、

(23) 嬰ヘ長調からできるコードとその構成音

基準となる音	構成音	コード
F#	F# A#(M3) C#(P5)	F#
G#	G# B (m3) D#(P5)	G#m
A#	A# C#(m3) E#(P5)	A#m
B	B D#(M3) F#(P5)	B
C#	C# E#(M3) G#(P5)	C#
D#	D# F#(m3) A#(P5)	D#m
E#	E# G#(m3) B (aug4/♭5)	E#m(♭5)

予測通りである。

9.3 仮説の姿をあぶり出せ！そして定式化しろ！

頭の中にある「ある規則」の姿をあぶり出せ！

皆さんの頭の中にある「ある規則」は、どうも、かなり精度が高く、しかも正しいようだ。では、皆さんの頭の中にある「ある規則」とはいったいどういった

ものなのだろうか。これから、その姿を暴いていきたい。そして、その暴かれたものが、はたして、形を変えて言語にもあるのかも見ていきたい。
（10）と（19）と（20）と（22）をあらためて並べて眺めてみよう。

（10） キー C の曲で使えるトライアドコード
C Dm Em F G Am Bm$^{(\flat 5)}$

（19） キー D の曲で使えるトライアドコード
D Em F#m G A Bm C#m$^{(\flat 5)}$

（20） キー E の曲で使えるトライアドコード
E F#m G#m A B C#m D#m$^{(\flat 5)}$

（22） キー F# の曲で使えるトライアドコード
F# G#m A#m B C# D#m E#m$^{(\flat 5)}$

共通したものを書き出し、異なるところを◯で表すと次のようになる。

（24） ◯ ◯m ◯m ◯ ◯ ◯m ◯m$^{(\flat 5)}$

◯のところであるが、（10）でも（19）でも（20）でも（22）でも、左端のものをルートとした場合、右に向かうにつれ、「全全半全全全半」の音の間隔で、2度、3度、4度と度数が1つずつ増えている。そこで、（24）の◯にローマ数字のI, II, III ... を入れてみよう。そうすると、（24）は次のように書き表すことができる。

（25） I IIm IIIm IV V VIm VIIm$^{(\flat 5)}$

これが、皆さんの頭の中にある「ある規則」のフォーマット（型）なのだ。
説明は割愛するが、テトラッドコードであるセブンスコードでも同じような話ができ、実際やってみるとわかるが、次のようなフォーマットを抽出するすることができる（以下、慣例に従い、M7を△7と表記する）。

（26） I△7 IIm7 IIIm7 IV△7 V7 VIm7 VIIm7$^{(\flat 5)}$

（25）なり（26）の正体をこれから暴いていくが、ここでは、説明の便宜上、

(25) のトライアドコードの型を中心に話をしていく。

値として変数にスケールの音を入れる

うすうす感じていることかと思うが、(25) と (26) のローマ数字の I, II, III ... のところが変数になっている。では、値として何が入るのかというと、音階を構成する音である。たとえば、ハ長調すなわち C メジャー・キーの場合、I, II, III ... には次の音が順番にはめ込まれることになる。

(2) ハ長調の音の配列
　　C D E F G A B

また、二長調つまり D メジャー・キーの場合は、I, II, III ... には次の音が順番にはめ込まれることになる。

(11) 二長調の音の配列
　　D E F# G A B C#

同じことがセブンスコードの (26) にもいえる。

(25) も (26) も関数になっており、I, II, III ... のローマ数字が変数になっていて、スケールで使われる音が値として入力されるのである。これと同じようなことを第 8 章ですでに見ている。

(27) 3 度と 7 度の組み合わせ

7 度 / 3 度	短 7 度	長 7 度
短 3 度	○ m7	○ mM7
長 3 度	○ 7	○ M7

コードのカラーを決めるからくりにも変数があった。(27) の○に値として 1 オクターブ内の 12 の音のどれかが入れば、すべてのセブンスコードがつくられた。(27) は、形こそ違うが、(25)-(26) と同様に、関数そのものである。

コードのカラーそのものを決めるシステムが関数になっていて、スケールからどんなコードがつくられるのかも関数になっている。コードに関していうと、音楽では、関数の中に関数が埋め込まれている形になっている。つまり関数ネスト（関数の入れ子）の状態になっている。音楽理論にあるものなら、おそらく、いやきっと、文法理論にもあるはずだ。次の章では、関数の中に関数が埋め込まれるようなことが文法理論にもあるのか探っていく。そして、音楽理論におけるコード進行と文法理論における文型の相関性について見ていく。

コラム

シャープ系キーとフラット系キー

第３章で見たように、キーＣ（ハ長調）の音階は次のようになり、

(i)　キーＣの音階
　　Ｃ Ｄ Ｅ Ｆ Ｇ Ａ Ｂ Ｃ

どこにも＃や♭がつかない。一方、キーＤ（ニ長調）の音階は次のようになり、

(ii)　キーＤの音階
　　Ｄ Ｅ F# Ｇ Ａ Ｂ C# Ｄ

ＦとＣに＃がつく。つまり、＃が２つつく。さらに、キーＥ（ホ長調）の音階は次のようになることからわかるように、

(iii)　キーＥの音階
　　Ｅ F# G# Ａ Ｂ C# D# Ｅ

ＦとＧとＣとＤに＃がつく。つまり、＃が４つつく。

これらのことからわかるように、ト音記号やヘ音記号の隣に＃や♭がいくつついているかを見るだけで、楽曲のキーがわかるのだ。これを一覧にしたのが次の（iv）と（v）である（コラム「文法の五度圏を探せ！」も参照）。

(iv)　シャープ系キー

＃0個	＃1個	＃2個	＃3個	＃4個	＃5個	＃6個	＃7個
キー C	キー G	キー D	キー A	キー E	キー B	キー F#	キー C#

(v)　フラット系キー

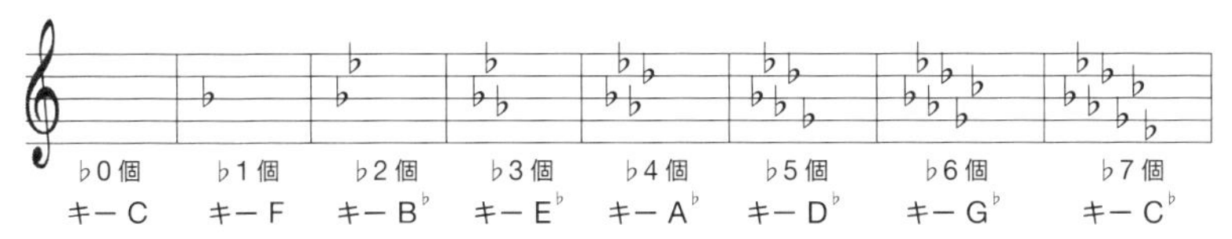

これまでは、鍵盤を使って音楽理論を解説してきたが、ここでは、ギターの指板を使って（iv）のシャープ系キーと（v）のフラット系キーを解説してみたい。次の（vi）には、ギターの指板のどこにどんな音があるかが示されているが、

(vi)　ギターの指板上にある音

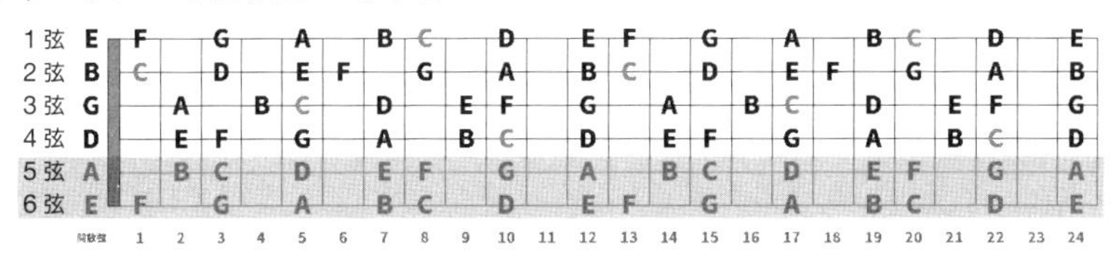

とくに、グレーでハイライトされている5弦と6弦のところを見てもらいたい。

まずは、次のイラストにある矢印を目で追ってもらいたい。

(vii)　矢印のC→G→D→A→E→B→F#→C#を追え

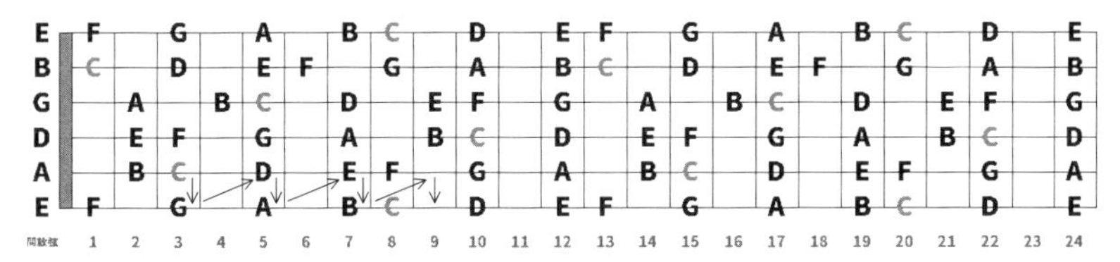

あることに気づくかと思う。実は、この矢印は、シャープ系のキーの＃の

数を表しているのだ。スタートのキーＣは＃が０個で、次のキーＧが＃が１個で、そしてその次のキーＤが＃が２つで、その次のキーＡが#3つで、その次のキーＥが……というように、ギターの指板を見れば、シャープ系キーの＃の数を知ることができるのである。

今度は、次のイラストにある矢印を目で追ってもらいたい。

(viii)　矢印のＣ→Ｆ→Ｂ♭→Ｅ♭→Ａ♭→Ｄ♭→Ｇ♭→Ｃ♭を追え

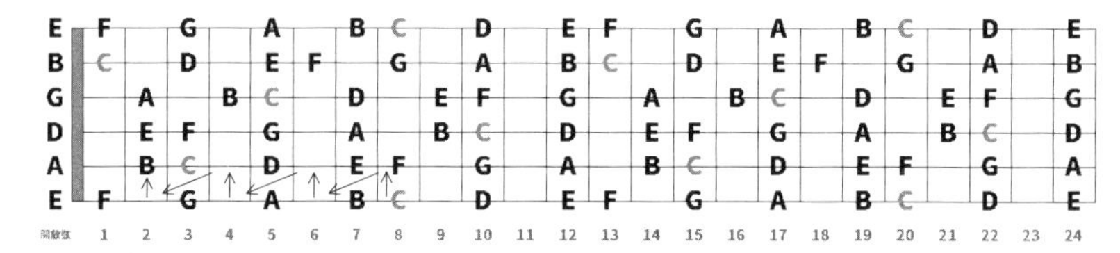

もうおわかりかと思うが、この矢印は、実は、フラット系のキーの♭の数を表しているのだ。スタートのキーＣは♭が０個で、次のキーＦが♭が１個で、そしてその次のキーＢ♭が♭が２つで、その次のキーＥ♭が♭3つで、その次のキーＡ♭が……というように、ギターの指板を見れば、フラット系キーの♭の数を知ることができるのである。

最後、次のイラストにある矢印を目で追ってもらいたい。

(ix)　矢印のＦ→Ｃ→Ｇ→Ｄ→Ａ→Ｅ→Ｂを追え

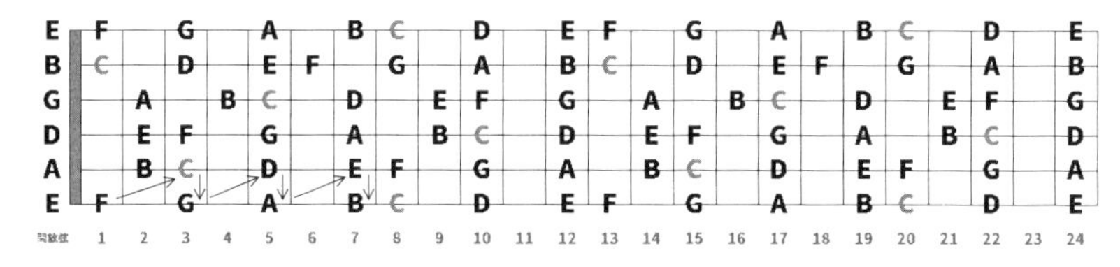

この矢印は、実は、シャープ系キーで＃がどこにつくのかを示している。スタートがＦなので、１つ目の＃はＦにつく。よって、＃が１つつくキーＧではＦに＃がつくことになる。矢印はＦの次にＣに向かっている。よって、２つ目の＃はＣにつくから、＃が２つつくキーＤにはＦとＣに＃がつくことになる。矢印は、さらに、ＣからＧに向かっている。よって、３つ目の＃はＧにつくから、＃が３つつくキーＡにはＦとＣとＧに＃がつくことになる。このようにして、シャープ系キーの７つの＃がどこにつく

のかがギターの指板を見ればわかるのである。

　では、フラット系キーのときはどうだろうか。次のイラストにある矢印の動きをみてもらいたい。

(x)　矢印のB→E→A→D→G→C→Fを追え

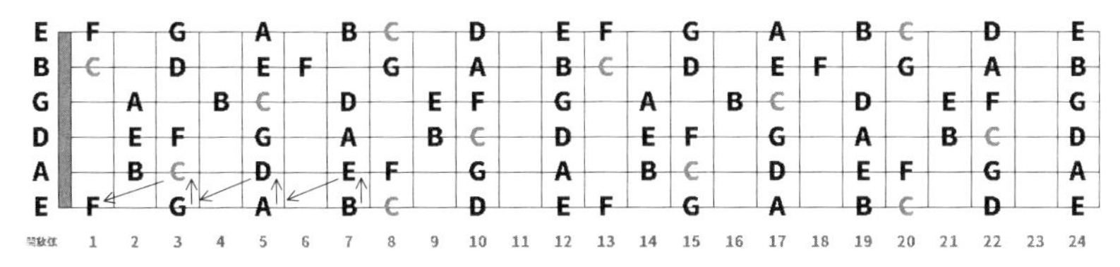

スタートがBなので、1つ目の♭はBにつく。よって、♭が1つつくキーFでは♭がBにつく。矢印はBからEに向かっている。よって、2つ目の♭はEにつくから、♭が2つつくキーB♭にはBとEに♭がつくことになる。矢印は、さらに、EからAに向かっている。よって、3つ目の♭はAにつくから、♭が3つつくキーE♭にはBとEとAに♭がつくことになる。このようにして、フラット系キーの7つの♭がどこにつくのかがギターの指板を見ればわかるのである。

　言語には、これまで見てきたように構造がある。つまり、幾何学的な型がある。ギターをやっている人ならわかるように、ギターのスケールやコードには、ある意味、構造しかない。音楽と言語の間にある構造の類似性を探るには、もしかしたら、鍵盤楽器ではなくギターのような弦楽器をベースに考えた方がいいのかもしれない。

10 音楽も言語も、その本質は関数

10.1 関数の中に関数を見つけろ

ドレミファソラシドからディグリーネームまで

これまで何度も見てきたように、ハ長調とは、ハの音（つまり C）をスタートにして、長調の音の配列（1）に基づいて音を並べたものである。

（1） 長調の音の配列
全全半全全全半

よって、ハ長調の音階は次のようになる。

（2） ハ長調の音階
C D E F G A B

そして、このハ長調の音階を構成する各音をベースにして、そこから 1 音飛ばしで音を 3 つ重ねると、次のようなトライアドコードがつくられる。

（3） ハ長調からつくられるトライアドコードとその構成音

基準となる音	構成音	コード
C	C　E（M3）　G（P5）	C
D	D　F（m3）　A（P5）	Dm
E	E　G（m3）　B（P5）	Em
F	F　A（M3）　C（P5）	F
G	G　B（M3）　D（P5）	G
A	A　C（m3）　E（P5）	Am
B	B　D（m3）　F（aug4/♭5）	Bm$^{(\flat 5)}$

さらにもう 1 つ音を重ねると、次のようなテトラッドコード（セブンスコード）がつくられる。

（4） ハ長調からつくられるテトラッドコードとその構成音

基準となる音	構成音	コード
C	C E（M3） G（P5） B（M7）	C△7
D	D F（m3） A（P5） C（m7）	Dm7
E	E G（m3） B（P5） D（m7）	Em7
F	F A（M3） C（P5） E（M7）	F△7
G	G B（M3） D（P5） F（m7）	G7
A	A C（m3） E（P5） G（m7）	Am7
B	B D（m3） F（aug4/♭5） A（m7）	Bm7(♭5)

このようにしてつくられるコードをダイアトニックコードというが、このダイアトニックコードの最大公約数ともいえるものが、次の（5）や（6）であった。

（5） トライアドコードのディグリーネーム

Ⅰ Ⅱm Ⅲm Ⅳ Ⅴ Ⅵm Ⅶm(♭5)

（6） テトラッドコードのディグリーネーム

Ⅰ△7 Ⅱm7 Ⅲm7 Ⅳ△7 Ⅴ7 Ⅵm7 Ⅶm7(♭5)

（5）や（6）のようなものをディグリーネームというのだが、このディグリーネームは、まさに、関数であった。というのも、ローマ数字のところが変数になっていて、そこに値としてスケール（音階）が入り、そうするとそのスケール（というかキー）で使えるコードが出力されるからだ。

また、そのようにしてつくられるコードも、次のような関数の形で表されるのであった。

（7） 3度と7度の組み合わせ

3度 ＼ 7度	短7度	長7度
短3度	○m7	○mM7
長3度	○7	○M7

どんな照度の、そしてどんな大人な雰囲気のコードができるのかは、つまりどんなカラーのコードができるのかは、12 個の音を（7）の◯に入れることで決まるのだ。

このように、音楽理論は、関数の中に関数が埋め込まれている形になっている。つまり、関数ネストになっている。音楽理論で起きていることは、おそらく、そしてきっと、文法理論でも起きているはずだ。できればそうあってほしい。これから、そのような期待のもと、文法理論でもそのような関数の埋め込みが起きているのかを見ていく。

コラム

トニックが 2 つでダイアトニック

昔、ハ長調の CDEFGABC は次の 2 つに分かれていた。

(i)　C D E F
(ii)　G A B C

(i) と (ii) の音の間隔を調べてみるとわかるように、どちらも「全全半」の間隔になっている。(i) と (ii) は同じタイプの音階（スケール）であるのだ。かつては、「ダイアトニック」の「トニック」とはスケールの最初の音のことを意味していた。よって、(i) はトニックが C のスケールで、(ii) はトニックが G のスケールということになる。これらのことからわかるように、今あるハ長調の CDEFGABC は、かつて、独立した 2 つのスケールがドッキングしてできたものなのである。だから、トニックが 2 つでダイアトニックなのである。

ディグリーネームと X′ 式型はともに 1 対 1 対応の関数

第 8 章で見たように、日本語は次のような型をもっていて、

(8)　日本語の構造

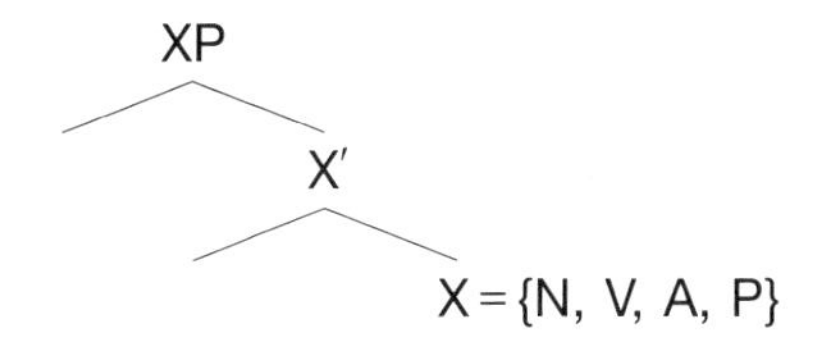

英語は次のような型をもっている。

(9)　英語の構造

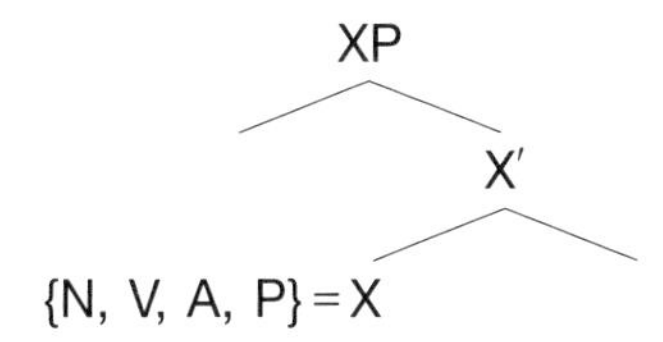

このような型を理論言語学ではX′式型とよぶが、このX′式型は、ある意味、音楽理論のディグリーネームに相当するといえる。というのも、ともに変数をもっていて、変数に値が入ることにより、片やある特定のキーに必要なコードが手に入り、片や文をつくるのに必要な（品詞をベースにした）句を手に入れることができるからだ。

次の（10）は（8）の変数Xに値としてNが入るとできるが、

(10)　日本語の名詞句の構造

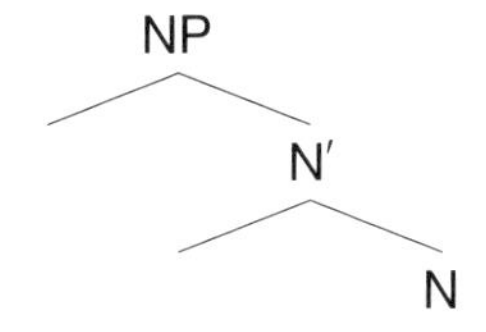

言うまでもないことではあるが、XにNが入力されるとNPが出力される。いや、NPしか出力されない。Nが入力されたのにVP（動詞句）やAP（形容詞句）やPP（後置詞句）が出力されることはない。（8）の日本語の構造にあるXPとX′とXの'X'はどれも同じものだからだ。末端のXに値としてαが入ったら、X′とXPは自動的にα'とαPにならざるをえないのである。X′式型は、このように、1対1対応の関数の形になっている。

同じことがディグリーネームにもいえる。ディグリーネームの変数（I, II, III ...）に C メジャースケールの音が入力されたら、C メジャーのダイアトニックコードしか出力されない。C メジャースケールの音が入力されたのに、C# メジャースケールや D メジャースケールのダイアトニックコードが出力されることはない。ディグリーネームも、X′ 式型と同様に、1 対 1 対応の関数なのである。些細なことではあるが、こんなところにも、音楽理論と文法理論の間に深くて強いつながりを見ることができる。

コラム

普遍文法は 1 対 1 対応の関数

音楽の関数も言語の関数も、基本、一次関数である。つまり、1 対 1 対応の関係にある。言語獲得は一次関数そのもので、入力と出力が完全に 1 対 1 の対応になっている。幼少期、脳内の普遍文法に日本語が入力されれば日本語の文法が頭の中にできあがる。韓国語が入力されれば韓国語の文法が頭の中にできる。同じように、ドイツ語が入力されればドイツ語の文法が頭の中にできる。入力と出力が完全に 1 対 1 対応になっている。日本語が入力されたのに韓国語の文法やドイツ語の文法が出力されることはない。また、韓国語が入力されたのに日本語の文法とドイツ語の文法の 2 つの文法が出力されることもない。脳内文法すなわち普遍文法は、これまでの話からわかるように、完全に 1 対 1 対応の関数型のシステムになっている。脳内にプリインストールされている普遍文法については第 4 章を参照。

X′ 式型はフラクタル

ここで、第 8 章で見た名詞句「そのユダヤ人の虐殺」の構造を見てみよう。

(11)　名詞句「そのユダヤ人の虐殺」の構造

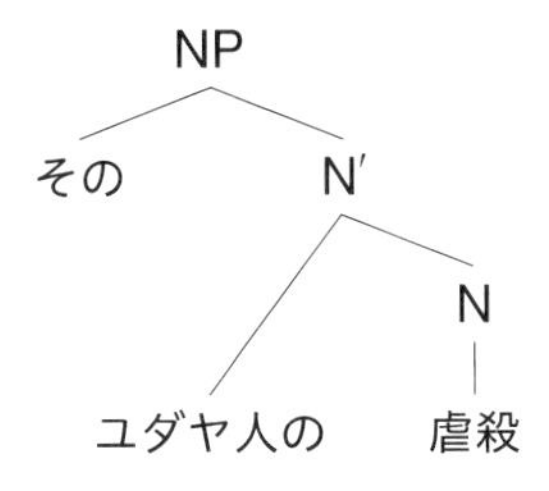

「絶対必要なもの」である「虐殺」は N であるとして、「ないと困るもの」である「ユダヤ人の」はどうなっているのだろうか。勘のいい人ならわかるように、「ユダヤ人の」も名詞句だから、この「ユダヤ人の」も次のような構造をしている。

(12)　名詞句「ユダヤ人の」の構造

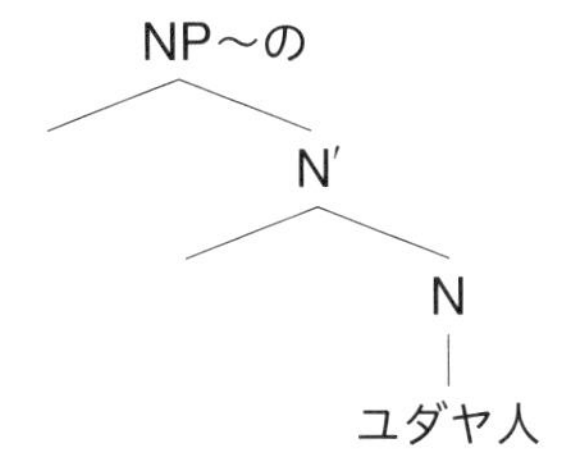

なお、第 8 章で見たように、日本語の格助詞は名詞句に外付けされているので、「ユダヤ人の」の「の」は、(12) の NP に（ぶら下がる形で）外付けされている。

これらのことからわかるように、(11) は、実は、次のような形をしているのである。

(13)　名詞句「そのユダヤ人の虐殺」の構造

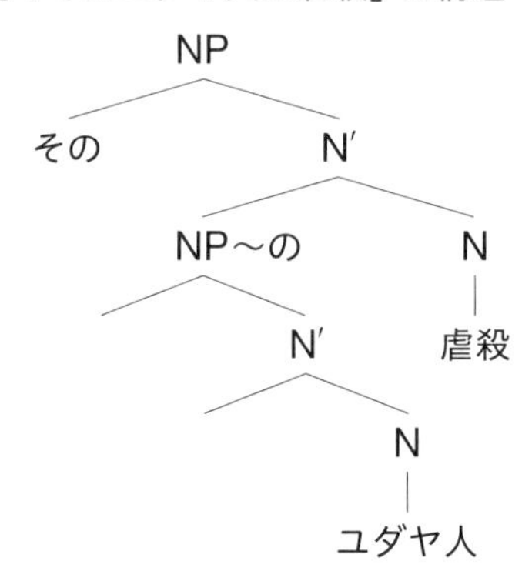

すなわち、X′ 式型の中にさらに X′ 式型が埋め込まれた形になっているのである。X′ 式型は関数そのものであり、言語でも、音楽同様に、関数の中にさらに関数が埋め込まれた形になっているといえる。つまり、関数ネストの形になっているといえる。

関数の中に別の関数が組み込まれる

たしかに、X′ 式型の中に X′ 式型が埋め込まれているので、言語はさしずめフラクタルの特性をもっているといえよう。ことばを換えて言えば、自分の中に自分をもつ自己相似図形の特性をもっているともいえる。でも、音楽の方はというと、自己相似図形タイプの関数の埋め込みではない。というのも、音楽では、ディグリーネームという関数 (5)-(6) によって楽曲のキーで使われるコードが決められ、

(5)　トライアドコードのディグリーネーム
　　Ⅰ　Ⅱm　Ⅲm　Ⅳ　Ⅴ　Ⅵm　Ⅶm(♭5)

(6)　テトラッドコードのディグリーネーム
　　Ⅰ△7　Ⅱm7　Ⅲm7　Ⅳ△7　Ⅴ7　Ⅵm7　Ⅶm7(♭5)

そのコードは、今度は、3 度と 7 度の組み合わせで、次のような関数によって、コードのキャラやカラーが決まってくるからだ。

(7)　3度と7度の組み合わせ

3度＼7度	短7度	長7度
短3度	○ m7	○ mM7
長3度	○ 7	○ M7

つまり、音楽では関数の大きさに大小関係があるというか、関数に主従関係というか上下関係があるのだ。

言語でも、音楽のように、関数に主従関係というか大小の関係があるのだろうか。もしそうであるなら、たとえば（13）だと、N の下にある「虐殺」に X′ 式型とは違うタイプの関数があるはずだ。はたして、そのような関数があるのだろうか。その可能性を探ってみたい。

もう1つの関数：語彙概念構造

名詞であれ、動詞であれ、形容詞であれ、動作や状態を表す表現は、意味（というか概念）を規準にすると、大きく5つに分けることができる。次のものは語彙概念構造というものであるが、

(14)　語彙概念構造

a. 状態（state）（アル型）
  [[　]y BE-AT-[　]z]

b. 動き（ナル型）
  i　変化（change）
    [BECOME [[　]y BE-AT-[　]z]]
  ii　移動（motion）
    [[　]y MOVE [PATH]z]

c. 活動（activity）（スル型）
  [[　]x ACT-ON-[　]y]

d. 使役（causation）（サセル型）
  [[　]x CAUSE [BECOME [[　]y BE-AT-[　]z]]]

(14) の [　] の中に値が入ることによって語彙の意味が定まる。語彙の概念（意味）というものは、このように関数の形で書き表すことができるのだ。

たとえば、「そのユダヤ人の虐殺」の「虐殺」や「殺す」は、理論言語学では、次のような概念構造をもっていると考えられており、

(15) 「虐殺」ないし「殺す」の概念構造
[[ ]$_x$ CAUSE [BECOME [[ ]$_y$ BE-AT-[死]$_z$]]]

「(ナチスによる) ユダヤ人の虐殺」という表現では、概略、次のような概念構造をもっていると考えられている。

(16) 「(ナチスによる) ユダヤ人の虐殺」の概念構造
[[ナチス]$_x$ CAUSE [BECOME [[ユダヤ人]$_y$ BE-AT-[死]$_z$]]]

さて、ここであらためて (14) を見てもらいたいのだが、あることに気づかれるかと思う。その「あること」とは、ある概念構造が別の概念構造の一部になっているということだ。具体的に見てみると、(14a) のアル型の概念構造が (14bi) のナル型の概念構造の一部として使われ、(14bi) が、今度は、(14d) のサセル型の概念構造の一部となっている。語彙の意味が関数の形で表されるだけでなく、概念構造そのものが入れ子構造になっているのである。つまり、関数ネストになっているのだ。

音楽では、ディグリーネームという関数の中にさらにコードのカラーを決定づける関数が組み込まれている。それと同じように、言語でも、X′ 式型という関数の中にさらに語彙概念構造という関数が組み込まれており、その語彙概念構造の内部では、まさに X′ 式型で起きているように、概念構造が他の概念構造に組み込まれる形になっているのである。音楽も言語も、そのシステムは関数ネストになっているのだ。

コラム

語彙レベルの原理は普遍的

語彙概念構造は普遍的なものである。つまり、日本語であれ、英語であれ、どの言語でも語彙概念構造は (14) の形をしている。語彙のレベルでは、句のレベルとは違い、どうも、言語の違いがなさそうだ。

「暑い」という形容詞の語尾を「さ」にして「暑さ」にすると名詞になる。

「嘘」という名詞に「っぽい」をつけて「嘘っぽい」にすると形容詞になる。「現実」という名詞に「化」をつけて「現実化」にすると動詞的になる。「現実化する」のように、動詞「する」といっしょに使うことができるからだ。日本語では、どうも、語の後ろで品詞が決まるようだ。

今度は、英語の場合について見てみよう。形容詞の happy に -ness がつくと happiness という名詞になる。名詞の atom に -ic がつくと atomic という形容詞になる。organ に -nize がつくと organize という動詞になる。英語も、日本語と同様に、どうも、語の後ろの部分が品詞を決定しているようだ。

次に、語の前にくっつくものについて見てみよう。まずは日本語の場合について見てみよう。名詞の「線香」に「お」がつくと「お線香」になるが、品詞は名詞のままである。でも、「お」がつくことにより、「上品さ」や「丁寧さ」といった意味が付け加えられる。動詞「掻く」に「ひっ」がつくと「ひっ掻く」になるが、品詞は動詞のままである。でも、「ひっ」がつくことにより、「掻く」にはない意味が何かしら付け加えられる。形容詞「細い」に「か」がつくと「か細い」になるが、品詞は形容詞のままである。でも、「か」がつくことにより、「可憐さ」のような意味が付け加えられる。日本語では、どうも、語の前に何かつくと、それが何かしら意味を付け加えるようだ。

今度は、英語の場合について見てみよう。名詞の wife に ex がつくと ex-wife になるが、品詞は名詞のままである。でも、ex- がつくことにより、「元」という意味が付け加えられる。動詞 eat に over がつくと overeat になるが、品詞は動詞のままである。でも、over- がつくことにより、「〜し過ぎる」という意味が付け加えられる。形容詞 happy に un- がつくと unhappy になるが、品詞は形容詞のままである。でも、un- がつくことにより、「〜でない」という意味が付け加えられる。英語でも、日本語と同様に、どうも、語の前に何かつくと、それが何かしら意味を付け加えるようだ。

これらのことからわかるように、どうも、語彙レベルでは、日本語であれ英語であれ、語の後ろにつくものが品詞を決め、語の前につくものによって意味がプラスアルファされるといえる。語彙レベルでは、どうも、どの言語にも同じ規則なり原理が適用されるようだ。

10.2　文型とコード進行

ディグリーネームの機能と5文型の機能

文がいかにしてつくられているのか、そして楽曲がどのようにしてつくられているのか、その基礎がわかったところで、今度は、具体的に文の規則や楽曲の規則といったものについて見てみよう。

文の規則（つまり語順のしばり）は言語によってかなり異なる。日本語は語順のしばりがかなりゆるい。そのようなこともあり、日本語は語順がかなり自由だ（第7章を参照）。その一方、英語は語順のしばりがかなりきつい。そのようなこともあり、英語は語順の自由度が低い。それを文型として表しているのが、いわゆる5文型というものだ。

受験のとき、次のような英語の5文型を学んだかと思う。

(17)　英語の5文型

a.　S V

b.　S V C

c.　S V O

d.　S V O O

e.　S V O C

皆さんは、これら5つの文型を見て、何か違和感を感じることはないだろうか。SやVやOが何を表しているのかを考えるとある種の違和感に気づかれるかと思う。

Vを除いたSやOやCはどれも機能を表している。つまり「主語として機能している」「目的語として機能している」「補語として機能している」というように、SとOとCはどれも機能を表している。つまり、SとOとCは機能の名称なのである。その一方、Vは機能の名称ではなく品詞の名称である。つまり、Vは、N（Noun：名詞）やA（Adjective：形容詞）やP（Preposition：前置詞）と同じで品詞の名称なのである。よって、(17)で違和感を感じるのはVである。

主語や目的語には名詞句がなれ、補語には名詞句や形容詞句がなれる。よって、(17)のSとOをNPに置き換え、さらにCをNP/APに置き換えると、次のように、5 文型を品詞ベースで書き直すことができる。

(18) 品詞ベースで書き直した英語の 5 文型

a. NP V

b. NP V NP/AP

c. NP V NP

d. NP V NP NP

e. NP V NP NP/AP

では、機能の名称だけを使って書き表すと (17) はどのようになるであろうか。動詞 (V) は文の中で述語として機能し、英語で述語を Predicate という。よって、述語を Pred で書き表すと、(17) は次の (19) のように書き直すことができる。

(19) 機能ベースで書き直した英語の 5 文型

a. S Pred

b. S Pred C

c. S Pred O

d. S Pred O O

e. S Pred O C

5 文型は、本来、このように書き表すべきなのだ。

いわゆる 5 文型は、品詞と機能がゴチャ混ぜの状態であるとはいえ、英語を教える側にも学ぶ側にも、非常に有益なツールである。というのも、文を構成する各パーツの機能に注目したほうが文の仕組みを捉えやすいからだ。そして、動詞を軸に文のパターンを考えた方が英文の型を覚えやすいからだ。

音楽の「文型」を探る旅に出よう！

音楽にも、言語の 5 文型のようなものがあるのだろうか。すなわち、機能面に重きをおいた「型」のようなものがあるのだろうか。音楽の本質により迫ることができ、さらには、楽曲のパーツであるコードの働きもよく理解できる、そんな英語の 5 文型のようなものが音楽にもあるのだろうか。

次のディグリーネームをあらためて見てもらいたい。

(5)　トライアドコードのディグリーネーム

Ⅰ　Ⅱm　Ⅲm　Ⅳ　Ⅴ Ⅵm　Ⅶm$^{(\flat 5)}$

(6)　テトラッドコードのディグリーネーム

Ⅰ△7　Ⅱm7　Ⅲm7　Ⅳ△7　Ⅴ7　Ⅵm7　Ⅶm7$^{(\flat 5)}$

これまで（5）のトライアドコードのディグリーネームを中心に見てきたが、今回は（6）のテトラッドコードのディグリーネームつまりセブンスコードのディグリーネームを中心に見ていきたい。（6）のセブンスコードのディグリーネームについて見ていくにあたり、（6）の値として C メジャーのスケールが入力された次のものを考えてみよう。

(4)　ハ長調からつくられるテトラッドコードとその構成音

基準となる音	構成音				コード
C	C	E（M3）	G（P5）	B（M7）	C△7
D	D	F（m3）	A（P5）	C（m7）	Dm7
E	E	G（m3）	B（P5）	D（m7）	Em7
F	F	A（M3）	C（P5）	E（M7）	F△7
G	G	B（M3）	D（P5）	F（m7）	G7
A	A	C（m3）	E（P5）	G（m7）	Am7
B	B	D（m3）	F（aug4/♭5）	A（m7）	Bm7$^{(\flat 5)}$

（6）のローマ数字（というか変数）にハ長調（C メジャー・キー）の各音 C, D, E ... が順に入力されると、C△7, Dm7, Em7 ... といったダイアトニックコードができる。このダイアトニックコードが、5 文型でいうと、（18）の NP や V や AP に相当する。

（18）の NP や VP や AP には、（19）に見られるように、それぞれ S なり Pred なり C といった機能がある。では、そういった機能はダイアトニックコードだといったい何になるのだろうか。それが、これから紹介する T（トニック）、D（ドミナント）、SD（サブドミナント）というものだ。

トニック、ドミナント、サブドミナント

ダイアトニックコードにはそれぞれ役割がある。代表的なものをあげると、Ⅰ△7がトニックという機能を、Ⅳ△7がサブドミナントという機能を、そしてV7がドミナントという機能を担っている。ハ長調だと、C△7がトニックの機能を担い、F△7がサブドミナントの機能を担い、G7がドミナントの機能を担っている。

では、トニックとは、サブドミナントとは、そしてドミナントとはいったい何なのだろうか。そのことについて考える前に、英語の5文型（17）をあらためて見てもらいたい。

(17) 英語の5文型

a. S V
b. S V C
c. S V O
d. S V O O
e. S V O C

この5つの文型を見るとわかるように、Sの次には必ずVがきている。別の言い方をすると、Vの前には必ずSがこないといけない。Vの前にOやCがくることは許されない。実は、コード進行にもこれに近いものがあるのだ。それが、D（ドミナント）→トニック（T）という進行である。Sの次に必ずVがくるように、D（ドミナント）の次には、基本、トニック（T）がくる。

ドミナントは非常に不安定なもので「トニックに行って落ち着きたくなる」そういった機能をもっている。そしてトニックは、「これで終わった！」という終止感（と「これから始まるぞ！」というスタート感）を機能としてもつ。トニックとドミナントの他に、もう1つ、サブドミナント（SD）というのがあるが、これは、名は体を表すように、ドミナントのサブということで、ドミナントのサポーターとして、よく、ドミナントの直前にくる。

Ⅳ△7 → V7 → Ⅰ△7 は定番のコード進行

これらのことからおわかりのように、コード進行としては、次のものが定番である。

(20) 定番のコード進行〈その1〉

IV△7 → V7 → I△7

というのも、セブンスコードでは、I△7がトニックの機能をもち、IV△7がサブドミナントの機能をもち、V7がドミナントの機能をもつからだ。

ハ長調（Cメジャーキー）だと、次のコード進行が定番のものとなる。

(21) ハ長調で見られる定番のコード進行〈その1〉

F△7 → G7 → C△7

手元に楽器があるなら、ぜひ、上のコード進行を奏でてみてほしい。自然な流れを感じるであろう。とくに、G7からC△7への流れに心地よさを感じるであろう。「ああ、落ち着くべきところに落ち着いた……」という安心感に近いものを感じるであろう。

IV△7だけでなくIIm7もサブドミナント

(20)の「4－5－1（IV→V→I）」のコード進行の他に、もう1つ定番のコード進行がある。それが次のものである。

(22) 定番のコード進行〈その2〉

IIm7 → V7 → I△7

ドミナントの直前にきて、ドミナントをサポートできるのは、基本、サブドミナントである。となると、上の(22)では、IIm7はサブドミナントとして機能していることになる。はたして、IIm7はIV△7と同様、サブドミナントとして機能しうるのだろうか。

ハ長調（Cメジャーキー）からつくられるダイアトニックコードのうち、とくに、Dm7とF△7の構成音を見比べてもらいたい。

(4)　ハ長調からつくられるテトラッドコードとその構成音

基準となる音	構成音	コード
C	C　E（M3）　G（P5）　B（M7）	C△7
D	D　F（m3）　A（P5）　C（m7）	Dm7
E	E　G（m3）　B（P5）　D（m7）	Em7
F	F　A（M3）　C（P5）　E（M7）	F△7
G	G　B（M3）　D（P5）　F（m7）	G7
A	A　C（m3）　E（P5）　G（m7）	Am7
B	B　D（m3）　F（aug4/♭5）　A（m7）	Bm7(♭5)

Dm7 の構成音は D と F と A と C である。一方、F△7 の構成音は F と A と C と E である。4 つの音のうち 3 つが同じである。

このことからわかるように、ディグリーネームに基づいて考えると、Ⅳ△7 がサブドミナントとして機能するのなら、Ⅱm7 もサブドミナントとして機能してしかるべきなのである。実際、ハ長調（C メジャーキー）だと、次のコード進行が（22）のⅡm7 → Ⅴ7 → Ⅰ△7 の流れになるが、

(23)　ハ長調で見られる定番のコード進行＜その 2 ＞
Dm7 → G7 → C△7

上のコード進行を楽器で奏でるとわかるように、(21) と同じぐらい自然な流れになっている。もう 1 つの定番のコード進行、それが「2－5－1（Ⅱ→Ⅴ→Ⅰ)」のコード進行なのである。これが俗にいう「ツーファイブ」というものである。

定番のコード進行には、(20) と (22) 以外にもいくつかある。(20) と (22) を下に繰り返す。

(20)　定番のコード進行〈その 1〉
Ⅳ△7 → Ⅴ7 → Ⅰ△7

(22)　定番のコード進行〈その 2〉
Ⅱm7 → Ⅴ7 → Ⅰ△7

英語の 5 文型のような「型」が音楽にもあるのだ。その音楽の「型」がいわゆる

コード進行というものであり、そのコード進行の裏には音楽理論の関数がいくつもかかわっているのである。ちょうど、言語のシステムのいたるところに関数があり、その関数の相互作用によってさまざまな文が生み出されるように。

音楽理論と文法理論には、少し抽象度を上げて俯瞰して見ると、似ているところがいろんなところに見つかる。音楽理論と文法理論には、おそらく、共通するより大きな理論がその背後にあるからだ。

コラム

3つのマイナースケールと「ら」抜きことば

ダイアトニックコードについて、これまでメジャーキー（長調）をもとに話をしてきたが、同じような話をマイナーキーを使ってもできる。興味がある人は、マイナーキーのときはどんなダイアトニックコードができるのか調べてみるといい。

さて、マイナーキー（短調）であるが、第２章で見たように、短調とは次の音の間隔の音階のものをいう。

(i) 短調の音の配列
全 半 全 全 半 全 全

よって、Ｃマイナーキー（つまりハ短調）の音階は次のようになるが、

(ii) ハ短調の音の配列
Ｃ Ｄ Ｅ♭ Ｆ Ｇ Ａ♭ Ｂ♭ Ｃ

実際に楽器を使って上の音階を奏でてみるとわかるように、最後のＢ♭ Ｃのところでちょっと落ち着きの悪さを感じる。

落ち着きの悪さを感じるのは、Ｂ♭とＣが全音の距離にあるからだ。次の長調の音の間隔を見るとわかるように、

(iii) 長調の音の配列
全 全 半 全 全 全 半

長調では最後の２つの音の間隔が半音である。私たちは、どうも、最後の２つの音の間隔が半音だと「終わった！」という感じを得やすいようだ。

そこで、この「終わった！」という感覚を短音階でも手にするために、(ii) の７番目の音を半音上げて次のようにしてみよう。

(iv) ハ短調 (ii) の７番目の音を半音上げたもの
　　ＣＤＥ♭ＦＧＡ♭ＢＣ

こうすると、最後が半音間隔になり「終わった！」と感じられる。つまり、音の間隔を次のようにすると「終わった！」と感じやすいのだ。

(v) 短調の７番目の音を半音上げた音の配列
　　全 半 全 全 半 [全＋半] 半

これまで「短音階」とよんでいた (i) は、実は、正式にいうと「自然短音階 (natural minor scale)」とよばれるものであり、それに対して (v) の短音階は「和声短音階 (harmonic minor scale)」とよばれる。しかし、この和声短音階 (v) であるが、この音階で歌うとなると、ヴォーカルはちょっと困ってしまう。というのも、(v) の和声短音階だと、６番目の音と７番目の音の間が半音３つ分 (つまり全音＋半音) も空いているからだ。

そこで、歌いやすいように、さらに改良を重ねて、(iv) の６番目の音Ａ♭を半音上げて (iv) を次のようにすると、

(vi) ハ短調 (iv) の６番目の音を半音上げたもの
　　ＣＤＥ♭ＦＧＡＢＣ

かなり歌いやすくなる。つまり、次の音の間隔だとかなり歌いやすくなる。

(vii) 和声短音階の６番目の音を半音上げた音の配列
　　全 半 全 全 全 全 半

この短音階を「旋律短音階 (melodic minor scale)」というが、これだと、今度は、長音階の配列 (iii) とあまり変わらなくなってしまう。(iii) と (vii) を下に繰り返す。

(iii)　長調の音の配列

全 全 半 全 全 全 半

(vii)　和声短音階の６番目の音を半音上げた音の配列

全 半 全 全 全 全 半

２番めと３番めの音の間隔が違うだけであとはすべて同じだからだ。自然短音階と和声短音階と旋律短音階は、いずれも、一長一短である。

このように、短音階には、実は、３種類あるのだ。そして、この３つの短音階ごとにダイアトニックコードをつくることができるのである。

使い勝手を考えてルールをあえて変えることが言語にもある。いわゆる「ら」抜きことばや最近若い人の間でよく見られる「れ」足すことばである。音楽と言語にはこんなところにも似たところがある。

11 マザーグースからエド・シーランまで

11.1 音楽の無限性と言語の無限性

言語の文型と音楽のコード進行

英語の5文型をはじめとして、言語には文型といったものが何かしらある。同じように、音楽にも、文型に相当するものがある。それがコード進行である。次のものが定番のものであるが、

(1) 定番のコード進行

a. Ⅳ△7 → Ⅴ7 → Ⅰ△7

b. Ⅱm7 → Ⅴ7 → Ⅰ△7

コード進行のスタートは、よく、トニック（つまりⅠのコード）ではじまる。よって、(1) は次のように書き表すことができる。

(2) 定番のコード進行（スタートにⅠのコードを加えたもの）

a. Ⅰ△7 →Ⅳ△7 → Ⅴ7 → Ⅰ△7

b. Ⅰ△7 →Ⅱm7 → Ⅴ7 → Ⅰ△7

定番のコード進行には、これら2つの他に次のようなものもある。

(3) 定番のコード進行

a. Ⅰ△7 → Ⅴ7 → Ⅰ△7

b. Ⅰ△7 → Ⅳ△7 → Ⅰ△7

c. Ⅰ△7 → Ⅱm7 → Ⅰ△7

定番のコード進行 (2) と (3) をまとめると次のようになる。

(4) 定番のコード進行

a. Ⅰ△7 → Ⅴ7 → Ⅰ△7（=3a)

b. Ⅰ△7 → Ⅳ△7 → Ⅰ△7（=3b)

c.　Ⅰ△7 → Ⅱm7 → Ⅰ△7（=3c）
d.　Ⅰ△7 →Ⅳ△7 → Ⅴ7 → Ⅰ△7（=2a）
e.　Ⅰ△7 →Ⅱm7 → Ⅴ7 → Ⅰ△7（=2b）

ディグリーネームのⅠ△7はトニック（T）で、Ⅱm7とⅣ△7がサブドミナント（SD）で、Ⅴ7がドミナント（D）である。よって、コードの機能に着目して（4）を書き表すと次のようになる。

（5）　機能をベースにした定番のコード進行
a.　T → D → T　（=4a）
b.　T → SD → T　（=4b, c）
c.　T → SD → D → T　（=4d, e）

音楽は、基本、この3つのコード進行をもとにつくられている。ちょうど英語が、基本、次の5つの文型でつくられているように。

（6）　機能をベースにした英語の5文型
a.　S Pred
b.　S Pred C
c.　S Pred O
d.　S Pred O O
e.　S Pred O C

無限に長い曲をつくる

音楽も言語も「型」がベースになって楽曲なり文がつくられている。このようなことが可能なのも、音楽理論も文法理論も、いずれも関数がベースになっているシステムであるからだ。関数は入力と出力の2つがカギである。では、この入力と出力に注目して、音楽のもつ無限性と言語のもつ無限性について考えてみよう。

まずは音楽のもつ無限性から見てみよう。（5）を見るとわかるように、どのコード進行もスタートとゴールがトニック（T）になっている。よって、（5a）を何度も繰り返して次のように曲をつくることができれば、

(7)　T → D → T の繰り返し
T → D → T → D → T → D → T → D → T → D → T → D →……

次のように、(5a) と (5b) を何度もドッキングして曲をつくることもできる。

(8)　T → D → T と T → SD → T の繰り返し
T → D → T → SD → T → D → T → SD → T → D → T → SD → T →
……

さらには、次のように、(5b) と (5c) を何度もドッキングして曲をつくることもできる。

(9)　T → SD → T と T → SD → D → T の繰り返し
T → SD → T → SD → D → T → SD → T → SD → D → T → SD → T
→ SD → D →……

ポイントは、コード進行を自由に組み合わせることができることではなく、(7)-(9) の最後が '……' になっているように、楽曲をエンドレスにできることである。つまり、曲を無限に長くすることができるのだ。これはジャズに顕著であり、ジャズのようなスタイルの音楽だと、このようなコード進行の繰り返しにより、延々と演奏し続けることができる。

コード進行は、(5) に見られるように、有限である。この有限の規則から無限に長い曲をつくることができるし、無限にいろんな曲をつくることもできるのだ。これは、当たり前のように思えるが、実はすごいことである。

音楽に見られることは言語にも見られるはずだ。音楽と言語の基本スペック(あるいは基本となる OS) は同じだと考えられるからだ。言語でも、はたして、有限の規則から無限に長い文をつくることができるのだろうか。

コラム

踏切の音と緊急地震速報

コードには極めて不快に感じられるものがある。パワーコードはその対局で、極めて心地よく感じられる。では、どういったコードが不快に感じられるのだろうか。

踏切のカン♪カン♪カン♪カン♪という音は非常に不快に感じられる。FとG♭を同時に奏でるとあの不快な音が出るが、FとG♭は短2度の関係にある。短2度の関係にある2つの音を同時に奏でるとあの不快な音がするのだ。簡単にいうと、鍵盤で隣り合う2つの音を同時に鳴らすとあの嫌な音がするのである。

半音6個分の距離をトライトーンという。というのも、半音6個分は全音3個分（つまりトーンが3つ分）に相当するからだ。そして、このトライトーンが入っているコードも極めて不快な音がする。緊急地震速報の「チャラン♪チャラン♪緊急地震速報です」のあのチャラン♪チャラン♪がその一例である。

最初のチャラン♪の構成音は次のようになっていて、

(i)　G　C　E　A#　D#

2つ目のチャラン♪の構成音は次のようになっている。

(ii)　G# C# F B E

つまり、2つ目のチャラン♪は1つ目のチャラン♪を半音上げた和音になっている。

(i)のEとA#は半音6個分の距離にある。同じように、(ii)のFとBも半音6個分の距離にある。つまり、(i)のEとA#ならびに(ii)のFとBは、ともに、トライトーンの関係にあるのだ。緊急地震速報は2つのコード(i)と(ii)から構成されているが、その両方のコードにトライトーンが入っているのだ。だからこそ、緊急地震速報を聞くと不安な気持ちにさせられるのだ。

踏切の音にせよ緊急地震速報にせよ、それを聞いた人があえて不快に感じるように、音楽理論の「文法」に基づいて音づくりがされているのである。

無限に長い文をつくる

第8章で見たように、日本語は（10）のような型をもっていて、英語は（11）

のような型をもっている。

(10) 日本語（主要部末端型言語）の構造

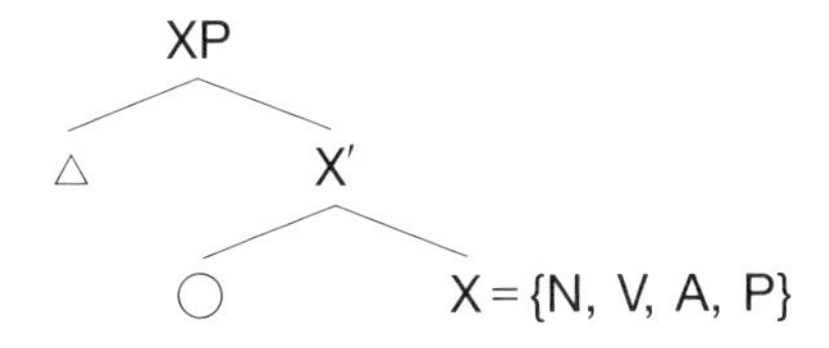

(11) 英語（主要部先頭型言語）の構造

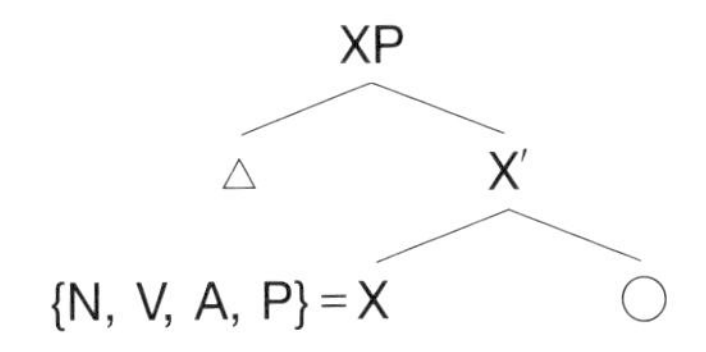

これらの構造は、次のようなデータをもとにつくられたが、

(12) 日本語の名詞句と動詞句と形容詞句と後置詞句

日本語の表現	タイプ	なくてもかまわないもの	ないと困るもの	絶対必要なもの
そのユダヤ人の虐殺	名詞句	その	ユダヤ人の	**虐殺**
しょっちゅうその本を読む	動詞句	しょっちゅう	その本を	**読む**
めちゃくちゃおばけが怖い	形容詞句	めちゃくちゃ	おばけが	**怖い**
ちょうどその部屋で	後置詞句	ちょうど	その部屋	**で**

(13) 英語の名詞句と動詞句と形容詞句と前置詞句

英語の表現	タイプ	なくてもかまわないもの	絶対必要なもの	ないと困るもの
the genocide of Jews	名詞句	the	**genocide**	of Jews
often read the book	動詞句	often	**read**	the book
so afraid of ghost	形容詞句	so	**afraid**	of ghost
just at the room	前置詞句	just	**at**	the room

(10) と (11) の X には (12)-(13) の「絶対必要なもの」(の N や V や A や

P の品詞）が入り、○には「ないと困るもの」が入り、△には「なくてもかまわないもの」が入る。そして、第 10 章で見たように、○と△にも、実は、(10) と（11）の構造がそのまま繰り返し入るのであった。

日本語も、英語も、言語ならどのような言語であれ、(10) や（11）の X′ 式型がフラクタルを形成し、自己相似型の構造をしている。これは、原理上、永遠に自己の中に自己を組み込むことができることを意味する。そして、その結果、延々と長い文をつくり出すことができることを意味する。実際、次のようなエンドレスな文をつくり出すことができるし、

(14) 延々と続く英語の 1 文：『マザーグース童謡集』の一節

This is the farmer sowing his corn,
That kept the cock that cowed in the morn,
That walked the priest all shaven and shorn,
That married the man all tattered and torn,
That kissed the maiden all forlorn,
That milked the cow with the crumpled horn,
That tossed the dog,
That worried the cat,
That killed the rat,
That ate the malt,
That lay in the house that Jack built
……

『マザーグース童謡集』

その日本語訳でも延々と文を続けさせることができる。

(15) 延々と続く日本語の一文：『マザーグース童謡集』の訳の一節

ジャックが　たてた　いえに
あった　こむぎを
たべた　ねずみを
ころした　ねこを
いじめた　いぬを
つので　とばした　めうしの

ちちを　しぼった　みよりのない　むすめに
キスした　おんぼろふくの　おとこを
けっこんさせた　はげちゃびんの　ぼくしさまに
あさを　しらせた　はやおきの　おんどりを
かって　いる　むぎの　たねを　まく　おひゃくしょうさん
……　（石濱恒夫訳『どうぶつむらのマザーグース』）

言語でも、音楽と同じように、1文を無限に長くすることができる。そのようなことができるのも、音楽と同様に言語でも、言語システムの中に関数があり、その関数の入力が出力になれ、しかもその出力がさらに入力になれるからだ。こんなところにも、音楽と言語の類似点ならびに相関性を見つけることができる。この類似点ならびに相関性を可能にしているのが、音楽理論と文法理論の背後にある、共通した「何か」である。関数ネスト（関数の入れ子）を可能にしている「何か」である。

コラム

Ⅶm$^{(\flat5)}$はあまり使われない。その理由は…

ダイアトニックコードは、そのダイアトニックコードのキーの曲の中でなら、基本、使える。ここで「基本」と書いたのは、実は、あるコードは余程のことがないと使われないからだ。では､そのコードとは何か。それが､次の2つのダイアトニックコードにある

(i)　トライアドコードのディグリーネーム
　Ⅰ　Ⅱm　Ⅲm　Ⅳ　Ⅴ　Ⅵm　Ⅶm$^{(\flat5)}$
(ii)　テトラッドコードのディグリーネーム
　Ⅰ△7　Ⅱm7　Ⅲm7　Ⅳ△7　Ⅴ7　Ⅵm7　Ⅶm7$^{(\flat5)}$

7番目のⅦm$^{(\flat5)}$とⅦm7$^{(\flat5)}$である。

Ⅶm$^{(\flat5)}$を例にとって考えてみよう。キーがCのとき､Ⅶm$^{(\flat5)}$はBm$^{(\flat5)}$になるが、このBm$^{(\flat5)}$の構成音は次のようになる。

（10） Bm♭5の構成音
　　　B D F A

ここでBとFに注目してもらいたいのだが、BとFの間に半音6個分の距離がある。つまり、BとFの間には全音3つ分の距離（トライトーン）がある（トライトーンについては、コラム「踏切の音と緊急地震速報」を参照）。Bm$^{(\flat 5)}$にはトライトーンがあるため、Bm$^{(\flat 5)}$は、実は、非常に不安定なコードなのである。そのようなこともあり、ダイアトニックコードの1つではあるものの、Ⅶm$^{(\flat 5)}$とⅦm7$^{(\flat 5)}$は余程のことがないと出番がない。

言語の場合、品詞にせよ、主語や目的語といった文の機能にせよ、ある特定のものだけめったに使われることはない、ということはない。その点、音楽と言語は違うといえる。

テンションコードは大人の会話

第8章で見たように、コードは、3度と7度の音の組み合わせでキャラクターが決まってくる。つまり、ルートと3度と5度と7度の4つの音でコードのカラーがほぼ決まる。

コードにはこれ以上音を積み重ねることができないのだろうか。実は、さらに、9度と11度と13度の音を積み重ねることができる。これらの音をテンションノートといい、このテンションノートが加えられたコードをテンションコードという。

セブンスコードは、第8章で見たように、ブルージーで大人の雰囲気が感じられる。では、テンションコードはどんな響きがするのだろうか。セブンスコードの大人の雰囲気をさらに強くしたコード、それがテンションコードだといえる。たとえば、あくまでも喩えだが、ナインス（9th）のテンションコードはR15+ の色っぽさがある一方、サーティーンス（13th）のテンションコードはR18+ のアダルトさがある……といった感じである。あくまでも喩えだが。

では、このテンションは言語だと何に相当するのだろうか。1オクターブは、その名が示すように、8つの度数からなる。よって、テンションノートは1オクターブの外側に位置する。1オクターブは、言語でいうと、1文に相当する。よって、テンションノートは、1文の外におまけ的にぶら下がっている音だといえる。1文の外におまけ的にぶら下がっているものというと、いわゆる付加疑問文がある。英語の例だと、You love me, don't you? の don't you? の部分である。日本語だと、You love me, don't you? の訳「私のこと愛しているよね？」や「私のこと愛しているでしょ？」の「よね？」や「でしょ？」の部分である。

英語の付加疑問文の don't you? や日本語の「よね？」や「でしょ？」をうまく使えるようになると、会話の主導権をこちらが握れるようになり、こちらの土俵で話をすることができるようになる。こういった駆け引きができて、はじめて大人の会話ができるといえる。大人のための会話のツール、それが付加疑問文であるなら、大人のためのトーン、それがテンションノートといえる。このテンションノートを使って、この後、ある楽曲を音楽理論に基づいて分析してみたいと思う。

コラム

ドミナントモーションの駆動力はトライトーン

定番のコード進行として次の2つがある。

(i) 定番のコード進行

a. Ⅳ△7 → Ⅴ7 → Ⅰ△7

b. Ⅱm7 → Ⅴ7 → Ⅰ△7

5→1つまりⅤ→Ⅰのコード進行に心地よい安心感が感じられる。ⅤはⅤでもⅤ7のときこれ以上ない安心感が感じられる。「ああ、落ち着くべきところに落ち着いたな」という極上の安心感が得られる。このⅤ7→Ⅰのコード進行をとくにドミナントモーションというが、なぜ、ドミナントモーションに強烈な安心感を感じるのだろうか。

キーがCのとき、Ⅴ7→ⅠはG7→Cとなる。G7の構成音は次のようになるが、

(ii) G7の構成音

G B D F

BとFの間に半音6個分の距離がある。つまり、BとFの間には全音3つ分の距離(トライトーン)があるのだ(トライトーンについては、コラム「踏切の音と緊急地震速報」と「VIIm$^{(\flat 5)}$はあまり使われない。その理由は…」を参照)。G7にはトライトーンがあるため、G7は、実は、非常に不安定なコードであるのだ。不安定なコードG7は、なんとか安定したコードになって落ち着きたい。G7はとにかく安心したいのだ。

キーがCのとき、すでに見たように、V7→IのIはCになるが、Cの構成音は次のとおりである。

(iii) Cの構成音
CEG

Cの構成音Cは、G7の構成音Bの半音上の音である。また、Cの構成音Eは、G7の構成音Fの半音下の音である。G7の構成音BとFは、上で見たように、トライトーンの関係にある。G7は、トライトーンを構成しているBとFの音を、それぞれ半音ずつ動かして安定したい。つまり、2つの音をちょっとだけ動かしてCコードになりたい。このような理由から、G7→Cというコードの流れが強く求められ、G7からCにシフトした瞬間に極上の安心感が得られるのである。

音楽にあることは言語にもあるはずだ。英語には、そして多くの言語には、第4章で見たように、wh移動というものがある。英語のwh疑問文what did you buy?からわかるように、英語では、whの語がどうしても文頭に動かないといけないときがある。英語に見られるこの強制的なwh移動には、もしかしたら、音楽のトライトーンのようなものがかかわっているのかもしれない。

G7がCに動きたいのは、いや、G7がCになりたいのは、G7の中にあるトライトーンのせいである。言語にも、きっと、トライトーンのようなものがあり、そのために移動といったものをせざるをえないのかもしれない。

11.2　エド・シーランは完全無罪

コード進行をパクった？

コードの基礎的なことは、いちおう、わかった。定番のコード進行といったものもわかった。ベース音を強調する分数コード（転回）といったものも、基礎的なことではあるが、わかった。テンションノートといった1オクターブ上の音についても、ざっくりとではあるが、わかった。そこで、これらの知識を総動員して、ある楽曲を分析してみたい。そして、その分析を通して、あらためて、音楽理論と文法理論の類似点や相関性を探ってみたい。

2023年の春、音楽をやっている人の間に、ある朗報が飛び込んできた。それは、エド・シーランの訴訟問題で、エド・シーラン側が裁判で勝ったというものだ。エド・シーランは、8年に及ぶ裁判で、ずっと、マーヴィン・ゲイの関係者から、同氏の楽曲『Let's Get It On』をエド・シーランがパクったのではないかとのことで訴えられていた。盗作の疑惑をかけられていたのが、エド・シーランのヒット曲『Thinking Out Loud』である。損害賠償の金額は、なんと、1億ドル（約134億円）である。

エド・シーランは、裁判で、実際に『Thinking Out Loud』を何度も演奏して無罪を訴え、しきりに、「コード進行が似ているといっても、使われている4つのコードの流れって、そもそもみんな使っているもんだし……　コード進行に所有権なんて主張されたら、もう誰も曲なんてつくれねぇし……」といった趣旨のことを訴えていた。

コラム

4度進行と連続循環移動

第4章で「佐藤さんは鈴木さんが何を買ったと言いましたか？」と「佐藤さんは鈴木さんが何を買ったか言いましたか？」の解釈の違いについて触れた。その際、前者の文に対する答えとして、「はい、言いましたよ」や「いいえ、言いませんでしたよ」は違和感があるが、「ギターです」は違和感がないと紹介した。そして、その問題を解くには、英語のwh語のように、「佐藤さんは鈴木さんが何を買ったと言いましたか？」の「何を」が目に見えないレベルで文頭に移動していると考える必要があると解説した。
　では、どんな感じで「何を」は移動しているのだろうか。理論的に考えると、どうも、次のような感じで移動しているようなのだ。

(i) 「何を」の連続循環移動
[△佐藤さんは [□鈴木さんが何を買ったと] 言いましたか] ?

節の先頭部分には、どうも「何を」が移動できる場所があり、まず□に移動し、その後△にまで移動しているようなのだ。つまり、「何を」は、連続循環的に最終目的地の△にまで移動しているようなのだ。
　音楽にあることは言語にもあるはずだし、言語にあることは音楽にもあるはずだ。だとしたら、音楽にも連続循環的な移動があるはずだ。コラム「ドミナントモーションの駆動力はトライトーン」でドミナントモーションについて見たが、G7 → C に見られる進行をとくに 4 度進行という。つまり、セブンスコードから 4 度上のコードへの移動をとくに 4 度進行というのだが、この 4 度進行はコード進行の中でも強力である。「不安定から安定へ」の強力な移動である。
　たとえば、次の 4 度進行の連続するコード進行は、実際に楽器を使って演奏してみるとわかるように、極めて強力である。次のコードに向かってどんどんコードが動かされる感じがする。

(ii) 連続 4 度進行
Am7 Dm7 G7 C△7 F△7 Bm7(♭5) E7 Am7

言語に見られる連続循環移動は、音楽の連続 4 度進行に相当するともいえよう。ちなみに、連続 4 度進行が使われている曲には、ジャズの定番『Fly Me to the Moon』や『枯葉』がある。

『Thinking Out Loud』で使われているコード進行

　では、エドシーランの『Thinking Out Loud』のコード進行について見てみよう。そして、そのコード進行に、はたして、知的財産権の侵害のようなものが発生しうるのかについて考えてみよう。『Thinking Out Loud』では、次に見られるように、4つのコード D D/F# Gadd9 A7 が延々と繰り返される。

(16) 『Thinking Out Loud』で使われているコード進行
|D D/F# Gadd9 A7 | D D/F# Gadd9 A7 | D D/F# Gadd9 A7|…

『Thinking Out Loud』のキーは D である。つまりニ長調である。第 9 章で見たように、ニ長調からは次のようなコードをつくることができる。

(17) ニ長調からできるコードとその構成音

基準となる音	構成音	コード
D	D F#(M3) A (P5)	D
E	E G (m3) B (P5)	Em
F#	F# A (m3) C#(P5)	F#m
G	G B (M3) D (P5)	G
A	A C#(M3) E (P5)	A
B	B D (m3) F#(P5)	Bm
C#	C# E (m3) G (aug4/♭5)	C#m(♭5)

つまり、キーが D の曲で使えるトライアドコードは次の 7 つになる。

(18) キー D の曲で使えるトライアドコード
D Em F#m G A Bm C#m(♭5)

第 10 章でディグリーネームについて見たが、次のディグリーネームの変数（つまりローマ数字のところ）に、

(19) Ⅰ Ⅱm Ⅲm Ⅳ Ⅴ Ⅵm Ⅶm(♭5)

ニ長調つまりキー D の構成音 (20) を当てはめれば、

(20) ニ長調の音階
D E F# G A B C#

キー D（つまり D メジャー）のダイアトニックコード (18) を出力することが

できるのであった。

定番のコード進行を単純化する

さて、本章のはじめで見たように、コード進行には次のような定番のものがある。

(21) 機能をベースにした定番のコード進行

T → SD → D → T (=5c)

これはコードの機能をもとにしたものだが、ディグリーネームを使って表すと次のようになる。

(22) 定番のコード進行

Ⅰ△7 →Ⅳ△7 → Ⅴ7 → Ⅰ△7 (=4d)

メジャーの記号△とセブンスの記号 7 を省略して (22) を簡略化すると次のようになるが、

(23) 定番のコード進行〈簡略版〉

Ⅰ →Ⅳ → Ⅴ → Ⅰ

話を単純化すると、すでに第 10 章でも触れたように、「1 → 4 → 5 → 1 (Ⅰ→Ⅳ→Ⅴ→Ⅰ)」のコードの流れがコード進行の定番ということになる。

コラム

ジミヘンコードが独特な響きがする理由

第 7 章で見たように、sus4 コードは、明るいのか暗いのかよくわからない音色がする。理由は、コードのカラーを決定づける 3 度の音がないからだ。もし、仮に、1 つのコード内に、明るい印象を与える長 3 度の音と暗い印象を与える短 3 度の音が共存していたら、そのコードもまた、sus4 コードと同様に、明るいのか暗いのかよくわからない音色がするはずだ。でも、そんなコードがはたしてあるのだろうか。

コラム「ジミヘンコードはジミヘンの「体臭」」で見たように、ジミヘンコードは○7 $^{(\#9)}$ の形をしているが、たとえば、E7 $^{(\#9)}$ の場合、構成音は次のようになる。

(i) E7 $^{(\#9)}$ の構成音
E G# B D G

G# が E の長 3 度の音なので、E7 $^{(\#9)}$ はメジャーコードということになる。でも、テンションノートとして #9 の音 G が加わることにより、E7 $^{(\#9)}$ はマイナーコードでもあることになる。というのも、G はルートの E から見たら短 3 度の音であるからだ。

これらのことからわかるように、ジミヘンコードは、メジャーコードとマイナーコードのハイブリッドなのである。だからこそ、sus4 コードと同様に、明るいのか暗いのかよくわからない不思議な音色がするのである。第 7 章で、「人の嫌がることをすすんでしよう」に相当するものとして sus4 コードがあげられていたが、もしかしたら、ジミヘンコードのほうがその候補者としてはふさわしいのかもしれない。

『Thinking Out Loud』で使われているコード進行を単純化する

では、これらのことを踏まえて、あらためて『Thinking Out Loud』のコード進行（16）を見てもらいたい。（16）を下に繰り返す。

(16) 『Thinking Out Loud』で使われているコード進行
|D D/F# Gadd9 A7 | D D/F# Gadd9 A7 | D D/F# Gadd9 A7|…

まずは、上のコード進行の骨格となるところだけを抜き出したいので、D/F# の /F# の部分と、Gadd9 の add9 の部分と、A7 の 7 の部分を省略してしまおう。そうすると、（16）は次のようなシンプルな形にすることができる。

(24) 『Thinking Out Loud』で使われているコード進行〈シンプル版〉
|D D G A | D D G A | D D G A|…

上のコード進行では、先頭部分に D が連続している。そこで、2 つの D を 1 つにまとめてしまおう。そうすると、（24）をさらに次のようにシンプルにする

ことができる。

(25)　『Thinking Out Loud』で使われているコード進行〈さらなるシンプル版〉
|D　G　A|D　G　A|D　G　A|…

キー D の定番のコード進行は、(26) に示されるように、(23) の I に D を、IVに G を、Vに A を入れると得られる。(23) を下に繰り返す。

(23)　定番のコード進行〈簡略版〉
I →IV → V → I

(26)　キー D（つまりニ長調）のコード進行の簡略版
D → G → A → D

この (26) を繰り返すと次のようになる。

(27)　キー D（つまりニ長調）のコード進行を繰り返したもの
D → G → A → D → G → A → D → G → A →…

もうお気づきのように、(25) のコード進行は (27) そのものである。これらのことからわかるように、『Thinking Out Loud』では、まさに、定番のコード進行が使われているのである。このコード進行を使ってはいけないとなると、喩えの話ではあるが、「英語の 5 文型のうち、第 3 文型の SVC は使ってはいけない！第 3 文型は俺が考えたもので俺のアイデアだから！」と言われているようなものである。このような「言い草」は到底受け入れられるものではない。

コラム

あの曲にもカノン進行が！

バロック期のドイツの作曲家にヨハン・パッヘルベルがいる。パッヘルベルの代表曲に『カノン（Canon in D)』があるが、この曲はあまりにも有名なので誰もが聞いたことがあるかと思う。

さて、この『カノン』だが、曲中、次のようなコード進行が使われている。

(i)　| C G | Am Em | F C | F G |

楽器でこのコード進行を奏でるだけで、なんとなく『カノン』に聞こえてしまう。それほどこのコード進行はインパクトが強い。

このコード進行は、音楽通の間では、よく「カノン進行」とよばれている。この「カノン進行」はそれほどいろんな楽曲で使われているのだ。

洋楽だと、たとえば、パンクの名曲 Green Day の『Basket Case』でカノン進行が使われているし、Oasis の『Don't Look Back in Anger』のAメロとサビでも使われている。邦楽だと、あいみょんの『マリーゴールド』のAメロとサビで使われているし、Official 髭男 dism の『Pretender』のサビでも使われている。また、往年の名曲、スピッツの『チェリー』のAメロでも使われている。

このように、コード進行には定番中の定番のものがあり、そういったものは何のクレジットをすることもなく、みんなが自由に使っている。定番中のコード進行は、いわば、フリー素材といえる。ある意味、人類の共有財産である。

なぜ D/F# を使ったのか？

『Thinking Out Loud』のコード進行（16）についてもっと詳しく見てみよう。

（16）『Thinking Out Loud』で使われているコード進行

|D　D/F#　Gadd9　A7 | D　D/F#　Gadd9　A7 | D　D/F#　Gadd9　A7|…

まず、D/F#　Gadd9　A7 のところを見てもらいたい。コード D は次の音の構成からなる（(17) 参照)。

（28）コード D の構成音

D　F#(M3)　A(P5)

F# はコード D の 3 度の音である。この 3 度の音をあえてベース音にしたもの、それが D/F# である（第 7 章参照）。では、なぜただの D でなく、D の転回形の D/F# を使っているのだろうか。

D/F# のベース音は F# である。そして、D/F# に続く Gadd9 と A7 のベース音はそれぞれ G と A である。キー D すなわちニ長調の音階は次のものであ

るが、

(20) 二長調の音階
D E F# G A B C#

見ておわかりのように、この音階には F# → G → A という流れがある。この流れは極めて自然である。それもそのはず、キー D の音階の中にある連続した音だからだ。この自然な流れをコード進行でも再現するために、コード D のベース音をあえて 3 度の F# にして（つまり D/F# にして）、その後に Gadd9 をもってきて、さらにその後に A7 をもってきているのだ。もちろん、このコードの流れは、すでに見たように、定番のものである。

この一連のコードの流れ D/F# → Gadd9 → A7 も、(27) のコードの流れと同様に、音楽理論の「文法」に則っている。このコードの流れも使ってはいけないとなると、喩えの話ではあるが、「英語の 5 文型のうち、第 5 文型 SVOC の C の部分は使ってはいけない！この部分は俺が考えたもので俺のアイデアだから！」と言われているようなものである。このような「言い草」は到底受け入れられるものではない。

音楽のクリシェと言語の情報構造

ちなみに、F# → G → A のように音が徐々に上がっていったり、逆に A → G → F# のように音が徐々に下がっていくものをクリシェとよんだりする。一般的に半音単位か全音単位で音が上がったり下がったりするものをいう。その意味では、今回の F# → G → A の音の流れは、クリシェもどきというかなんちゃってクリシェといえる。半音と全音の組み合わせで音が徐々に上がっているからだ。

クリシェが効果的に使われている楽曲はたくさんある。有名なところだと、サザンオールスターズの『みんなのうた』のサビの冒頭部分である。そこでは、次のようなコード進行になっている。

(29) C Caug C6 C7

Caug の aug は完全 5 度より半音高い音（増 5 度）である。よって、C → Caug → C6 → C7 とコードが移り変わるにつれ、音が完全 5 度 → 増 5 度 →

長６度 → 短７度というように、音が半音ずつ上がっている。典型的なクリシェである。

音が徐々に下がっていくクリシェの例だと、DREAMS COME TRUE の『LOVE LOVE LOVE』の A メロの冒頭部分がある。そこでは次のようなコード進行になっていて、

(30) D♭ D♭/C D♭/B B♭7

コードが変わるにつれ、ベース音が D♭→ C → B → B♭と半音ずつ下がっている。サザンオールスターズの『みんなのうた』とは逆パターンのクリシェである。

J ポップのヒット曲ではかなりの頻度でクリシェが見られる。クリシェを使うことにより、コード進行がよりなめらかになるからだ。つまり、音の変化にストレスを感じることがなくなり、音と音のつながりがより自然になるからだ。クリシェを使うと、聞き手にやさしい音の運びになるのだ。

言語にもこのクリシェに相当するものがある。それが、言語の情報構造に基づいた語句の配置変えである。言語では、旧い情報から新しい情報へと語句を並べるのが鉄則である。つまり、既知の情報から未知の情報へと情報を伝達していくのが言語の鉄則である。このように語句を配置すると、聞き手は、ストレスを感じることなく情報を処理することができる。言語の情報構造に基づく語句の配置替え、これは、ある意味、音楽のクリシェであるともいえる。

なお、クリシェには「決まり文句」や「常套句」という意味がある。その意味でも、クリシェは音楽では定番の「文法」といえよう。

コラム

小室進行は６４５１

90 年代のヒット曲『恋しさとせつなさと心強さと』『Get Wild』『masquerade』『WOW WAR TONIGHT』は、どれも、小室哲哉の曲だが、どれを聞いても「ああ、小室哲哉だな……」と思う。音作りが小室哲哉風というのもあるが、決定的な要因は、どの曲でも「小室進行」という小室カラーの強いコード進行が使われているからだ。

次のコード進行は、音楽通の間では小室進行としてよく知られているが、

(i) 小室進行

VIm →IV→ V → I

これは定番のコード進行（4d）の変異体である。(4d）を（ii）として繰り返す。

(ii) 定番のコード進行

I△7 →IV△7 → V7 → I△7

つまり、(i）は（5c）の表現型の１つなのである。(5c）を（iii）として繰り返す。

(iii) 機能をベースにした定番のコード進行

T → SD → D → T

次の表を見るとわかるように、

(iv) ハ長調からつくられるテトラッドコードとその構成音

基準となる音	構成音				コード
C	C	E（M3）	G（P5）	B（M7）	C△7
D	D	F（m3）	A（P5）	C（m7）	Dm7
E	E	G（m3）	B（P5）	D（m7）	Em7
F	F	A（M3）	C（P5）	E（M7）	F△7
G	G	B（M3）	D（P5）	F（m7）	G7
A	A	C（m3）	E（P5）	G（m7）	Am7
B	B	D（m3）	F（aug4/♭5）	A（m7）	Bm7(♭5)

C△7 と Am7 は構成音がほとんど同じである。C と E と G の音をシェアしているからだ。このことからわかるように、ディグリーネームでいうと、I とVI m は機能的に同じなのだ。つまり、I がトニックとして機能するのならVI m もトニックとして機能するのである。ちょうど、IVがサブドミナントとして機能するのなら II m もサブドミナントとして機能するように。

(i) の小室進行は、小室哲哉が手掛けている楽曲だけでなく、他のアーティストの楽曲でもふつうに使われている。たとえば、米津玄師の『LOSER』や AKB48 の『フライングゲット』でも小室進行が使われているし、久石譲の名曲『Summer』やボカロの名曲『千本桜』のサビでも小室進行が使われている。

小室進行は、(i) を見てわかるように、Ⅵ m のマイナーコードから始まる。そのせいか、どこか憂いのある音からフレーズが始まることもあり、なんとなく日本人の肌（というか感性）に合う。西にカノン進行あり、東に小室進行あり、である。

なぜ Gadd9 を使ったのか？

D/F# → Gadd9 → A7 の流れの理屈がわかったところで、最後に、この流れの最後の部分 Gadd9 → A7 について見てみたい。キー D すなわちニ長調の音階は、すでに何度も見ているように、次のようになる。

(20)　ニ長調の音階
　　　D E F# G A B C#

これを繰り返したものが次のものであるが、

(31)　ニ長調の音階を 2 回繰り返したもの
　　　D E F# G A B C# D E F# G A B C#
　　　　　　 1 2 3 4　5 6 7　8 9

G から 9 番目の音（つまり G の 9 度の音）は A である。つまり、Gadd9 とは、G のコードにオクターブ高い A の音を加えたテンションコードなのである。

鍵盤を使って表すと、Gadd9 の押さえるところは次のところになる。

(30) Gadd9で使う鍵盤の箇所

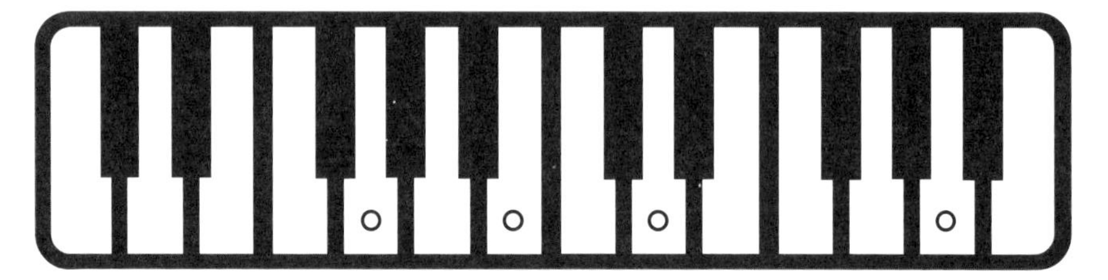

A：長9度（ルートから半音14個分）

D：完全5度（ルートから半音7個分）

B：長3度（ルートから半音4個分）

G：ルート

さて、ここであらためてGadd9 → A7の流れを見てもらいたい。Gadd9には、すでに見たように、オクターブ高いAの音が含まれている。Gadd9の次にくるコードA7のベース音Aは、Gadd9のテンションノートのAより1オクターブ低い。A7のコードに移る前に、あえてオクターブ高い同じAの音を鳴らすことにより、Gadd9からA7へのつなぎを滑らかにしているのだ。

ここでもし、Gadd9ではなくG/AのようにGのベース音にAを使うと、ベース音がAからAに移るだけで音の変化があまり見られない。実際に楽器を使って演奏してみるとわかるが、Gadd9でなくG/Aで弾くと高揚感がない。G/Aを使って弾くと、なんとなく、次のA7でコードの流れが止まってしまう感じがする。

『Thinking Out Loud』では、D D/F# Gadd9 A7のコードのかたまりを何度も繰り返す。そのためには、D D/F# Gadd9 A7の終わりで高揚感をもたせないとダメだ。そうしないと、D D/F# Gadd9 A7のかたまりを続けることができない。そのようなこともあり、G/Aでもいいところを、あえて、Gadd9で弾いているともいえる。

Gadd9 → A7に見られるようなコード進行はいろんな楽曲で見られる。オクターブ高い音をテンションノートとして使い、その後でオクターブ低い音をベース音に使うことによって、コードの流れをよくすることはよくあることだ。作曲や編曲の定番であるともいえる。私自身、そういった音楽理論の「文法」を使って編曲などをしている。このような音楽理論の「文法」も使ってはいけないとなると、喩えの話ではあるが、「主語と助動詞の倒置は使っちゃダメ！この倒置を最初に見つけたのは俺だから！」と言われているようなものである。このような「言い草」は到底受け入れられるものではない。

エド・シーランが法廷でこのような話をしたかどうかはわからない。エド・シーランの弁護人がこういった話をしたかどうかもわからない。でも、もし私がエド・シーランだったら、あるいは、もし私がエド・シーランの弁護人だったら、こういった話をするだろう。いや、こういった話しかしないしできない。

コラム

ピタゴラスと五度圏と 12 音階

1 本の弦をぴんと張って、指で弾いたら C の音がしたとしよう。その弦を 2/3 にして指で弾くと今度は G の音がする。その弦をさらに 2/3 にして指で弾くと今度は D の音がする。さらにその弦を 2/3 にして指で弾くと A の音がする。これを 12 回繰り返すと、次のように、また C の音に戻る。

(i) C → G → D → A → E → B → G♭/F# → D♭ → A♭ → E♭ → B♭ → F → C

つまり、弦を 2/3 にして音を出すと、2/3 にする前の音の完全 5 度の音になるのだ。これがコラム「文法の五度圏を探せ！」で見た五度圏の原形であり、このような実験をしたのがピタゴラスなのである。五度圏ばかりかいわゆる 12 音階を見つけたのがピタゴラスなのである。本書の読者の中から言語学界のピタゴラスが現れることを強く期待する。

参考文献とおすすめの動画サイト

本書を執筆するにあたって参考にした本と「これは見ておいて損はないよ」という動画サイトを紹介する。主なものだけに絞るが、参考にしてもらえればと思う。どれもビギナーズ向けで敷居の低いものばかりである。

畠山雄二『情報科学のための自然言語学入門：ことばで探る脳のしくみ』2003 年．丸善株式会社．
本書で「文法理論」とよんでいるものは、学問の世界では、一般的に理論言語学とよばれているものである。理論言語学とはどういった学問なのか。この本では、科学哲学や科学の方法論に基づいて、「科学理論としての理論言語学とはいったいどういった学問なのか」について話をしている。音楽理論に対して理論言語学はどう向き合っていったらいいのか、そのヒントがこの本を読むと見つかるかもしれない。また、この本では、人が言語を獲得するプロセスとそのメカニズムについても合理的に説明している。

畠山雄二『ことばを科学する：理論言語学の基礎講義』2003 年．鳳書房．
第 7 章と第 11 章で言語の情報構造について軽く触れた。この本では、この言語の情報構造について、日本語と英語を比較しながら、詳しく論じられている。また、本書の第 4 章とコラム「4 度進行と連続循環移動」で「佐藤さんは鈴木さんが何を買ったと言いましたか？」と「佐藤さんは鈴木さんが何を買ったか言いましたか？」の解釈の違いについて触れたが、この本では、その解釈の違いが理論言語学の枠組みでどう説明されうるのかについて解説している。本書のあっさりした解説にモヤモヤしている人は、ぜひ、この本を一読してみてほしい。モヤモヤが雲散霧消するであろう。

畠山雄二『情報科学のための理論言語学入門：脳内文法のしくみを探る』2004 年．丸善株式会社．
科学的思考法とは仮説演繹的思考法のことである。この科学的思考法に基づいて、この本では、日本語をどう分析したらいいのかについて論じている。たとえば、日本語の活用変化を仮説演繹的な思考法に基づいて分析するのであれば、何をどうしたらいいのかが紹介されている。自然言語に対するこのようなアプローチは、はたして、音楽理論にも通用するのだろうか。もし通用するのであれば、音楽理論も科学的思考法に基づいて再構築することができるであろう。そして、音楽理論と文法理論を統一した大統一理論のようなものもつくれるであろう。

畠山雄二『ことばの分析から学ぶ科学的思考法：理論言語学の考え方』2012年. 大修館書店.

本書では、音楽理論を文法理論に引き寄せて、あるいはその逆で、文法理論を音楽理論に引き寄せてあれこれ議論を重ねてきた。つまり、本書では、音楽理論と文法理論がなんとか縁結びできないかあれこれ考えてきた。一方、この本では、数学と文法理論を引き寄せることができないかと、あれやこれや試行錯誤している。音楽理論と文法理論の間にいろいろ接点が見られるように、数学と文法理論の間にもいたるところに接点を見出すことができる。ピタゴラス音律を持ち出すまでもなく、音楽理論と数学の間にもたくさんの接点がある。数学と音楽理論と文法理論を一体化する、まさに三位一体化した統一理論の誕生が期待されるところである。

OzaShin.『OzaShin Music』YouTube

音楽理論を教えることができる人は、意外なほど少ない。クラシック音楽をやっている人なら教えられると思うだろうが、実は、クラシック音楽をやっている人は音楽理論（とくにコード理論）についてはよく知らない。クラシック音楽にはコードという概念がほとんどないからだ。では、どんな人が音楽理論に精通しているのだろうか。それは、ジャンル的には、ポップスやジャズをやっている人だ。しかも、この手のジャンルの作曲や編曲をしている人が適任である。では、そんな人が身近にいるだろうか。いない。いや、実は、いる。どこにいるのかというと……YouTubeである。OzaShin氏は、上で話した意味で音楽理論を教える適任者である。同氏のYouTubeチャンネルを見れば、だいたいのことなら、音楽理論を理解することができるであろう。

Rickey.『Rckey Guitar』YouTube

エレキギターであれ、アコースティックギターであれ、またクラシックギターであれ、昨今は、五線譜が読めなくてもギターが弾けてしまう。ギター専用の特殊な楽譜「タブ譜」があるからだ。ただ、このタブ譜に慣れてしまうと、五線譜が読めなくなる。そして、五線譜が読めなくなると、音楽理論がまったく理解できなくなる。というのも、タブ譜を見てギターを弾いていると、自分が何の音を奏でているのかまったくわからなくなり、しかも、コードの構成音をまったく知らずしてコードが弾けてしまうからだ。こうなると、ギターは弾けるけど作曲も編曲もアドリブもできず、それどころかコードに合わせてメロディをつけることもできなくなる。音楽をやっている人に本来あってはならないことが起きてしまうのである。そこで役に立つのが Rickey氏の YouTube チャンネルである。ギターをやっている人ならわかるように、ギターだと、コードやスケールを幾何学的な図形として捉えることができる。つまり、鍵盤楽器とは違い、ギターだと、コードやスケールといったものを「型」として捉えることができる。同氏は、このことを踏まえた上で、ギターをやっている人向けに「ギタリストのためのやさしい音楽理論」をわかりやすく教えてくれている。ギターキッズ必見の YouTube チャンネルである。

あとがき

対外的には私は英語のセンセと見られているうようだ。そりゃ、そうだろう。大学では主に英語を教えているし、英語の本をいろいろ書いたりしているのだから。でも私には、英語のセンセという自覚がない。ほんとに。

私は英語を聞くことができなければしゃべることもできない。「いや、いや、それはないでしょ、大学で英語を教えているぐらいだし。「できない」と言ったって普通の人よりはできるでしょうに……」と言われることがあるが、ほんと、まったく英語を聞けないし英語をしゃべれない。英語を聞けてしゃべる力は、マジで、中学生以下である。いや、中学生未満である。

なぜ私は英語をしゃべることも話すこともできないのか。ひと言で言ってしまうと、その練習をまったくしてこなかったからだ。では、なぜしてこなかったのか。それは、その必要性を感じなかったし、そもそも英語を話して聞くことにまったく興味をもたなかったからだ。

私は日本を一度も出たことがない。海外旅行も海外での生活もまったく興味がない。ぶっちゃけ、海外の生活なら映画を見ればそこそこ疑似体験できるし、グーグルストリートビューやグーグルアースを使えば自分の部屋にいながら世界のどこにだって行ける。世界の旨いものを食べたければ福沢諭吉を数枚握って 23 区に行けばいい。東京にいれば（東京はもとより）日本を出てわざわざ他国にまで行く必要なんてないと思っているぐらいだ。

日本で仕事をして日本で生活をする限り、グローバル化の時代といえども、英語がしゃべれて話す力はそんなに必要とはされていない。「えっ、日本にいても周りに外国人がいたら英語をしゃべる必要が出てくるでしょ？」と言う人がいるが、私は言いたい。「ここは日本だし、周りにいる人はほとんど日本語ネイティブだ。だからお前が日本語をしゃべろ」と。「てか、オレが韓国に行って『オレに合わせて日本語しゃべってくんない？』と言ったら「はぁ、ここは韓国だぜ？韓国語をしゃべれや」と韓国人に言われるのがオチだぞ」と。

たしかに、英語は国際語ではある。でも、場所にもよるであろう。国際語の英語ができたって、国際都市 TOKYO ではできる仕事は限られてくる。英語より日本語ができた方がいろんな仕事にありつける。居酒屋のホールの仕事とかファストフードのキャッシャーの仕事とか、あとコンビニのバイトとか……
国際都市 TOKYO の国際語は英語ではなくあくまで日本語だ。

日本で生活するだけなら英語が読めて書ければ、まあ、それほど困ることはない。ただ、そうは言うものの、英語がちゃんと読めてちゃんとした英語が書けるとなると、これは至難の業である。かなり高度な英語力が必要とされる。その「至難の業」というか「高度な英語力」というか「至難の技」とはいったい何であろうか。それが他ならぬ「英文法の力」である。すなわち「英文法の知識」である。

英文法の知識さえあれば、とりあえずは、日本で生活するだけだったらなんとかなる。あくまでも「なんとか」だが、「なんとか」ならないときは、まぁ、その場から逃げればいい。あるいは「なんとか」してくれる人に助けてもらえばいい。(心身ともに健康でがむしゃらに頑張れる) 人生は短い。無理と無理矢理は禁物である。苦手を克服するのに時間を使うのは若いときだけでいい。

日本で生きていくと割り切り、そのために英語の４技能のうち聞く力と話す力を放棄し、それと引き換えに「至難の技」である英文法の知識をゲットした男、それが私とも言える。いや、言わせてくれ。誰も言ってくれないから。

英語の４技能のうち聞く力と話す力を断捨離した私であるが、それもこれも、合理的に生きていくために私があえて選んだ苦肉の策である。こんな私を「ハタケヤマさんは、そうは言うものの、やっぱり英文法が好きだからそんな風にやってこれたんじゃないの？」と思う人もいるかもしれない。でも、私は、英文法がとくに好きというわけではないのだ。ほんとに。

では、なぜ、そんな好きでもない英文法に執着することができるのか。それは、英文法はとくに好きではないけれども、「英文法」の「法」が好きだからだ。つまり、英文法の「英文」にはたいして興味はないが、それと相反するように、「法」というか「法則」というものには異常なまでに興味があるからだ。

私は「法」すなわち規則や法則が好きだ。好きな割には、少年時代からおっさんになるまでルールを破るギリギリのところであれこれやってきてはいるが……　規則や法則が好きなそんな私であるが、小学生の頃は、１人で等差数列ゴッコをしては悦に入っていた。中学生になると二次方程式の解の公式を習い「うぉー！」と１人で歓喜したものである。公式や規則、広い意味での「法」や「理（ことわり）」が好きだったこともあり、英語の授業で５文型に触れたときも鳥肌が立った。「へぇ、無限にある英語の文がたった５つの有限な規則で漏れなく捉えることができるんだ……こりゃおもろい」と。

数学に法則があるのはともかく、英語にも法則というか規則があるんだ……人がつくったものにはルールがあり、自然現象の中にも法則があり、人がつくったようなそうでもないような言語にもちゃんとした規則があるんだ……　規則や法則がないものなんてこの世界のどこにもないんじゃないか……とあれこれ考えていたのが多感な時期の私であった。

一番多感な時期である小学生から中学生の頃、私は、ギターに嵌っていた。「嵌っていた」ということばでは生ぬるいほど嵌っていた。今のことばで言うと沼っていた。９歳からギターを始めていたこともあり、また、一時期は本気でスタジオミュージシャンになろうと思っていたこともあり、ギターには嵌りに嵌っていた。ほとんど中毒患者であった。実際、ギターを抱えていた時が一番リラックスできていた。まぁ、今もそうではあるが。

ギターを弾いていては、よく、「なぜいい曲はいい曲なんだろう」と思っていた。「いい曲には理由があるはずだ」と思ってはいたが、小学生の私にはその「理由」がわからなかった。でも、中学生になると楽典というものの存在を知るようになり、ずっと探していた「理由」がどうも音楽理論という「大人の世界」にありそうだと知るようになる。

「なぜいい曲はいい曲なんだろう」という問いに自分なりの答えを与えたく、中学から高校にかけて、何度か楽典に挑んでみたものの、道半ばで脱落した。５－６回は脱落しているかと思う。音楽理論は、私にとって、なかなか理解することができないチャレンジングな「大人の世界」であった。当時の学習環境を考えると、独学で楽典を攻略するのは無謀に近いものがあった。

そんな「大人の世界」の奥深さを知るきっかけになったのは、いい年になって、自分で曲をつくったり編曲をするようになってからだ。作曲もそれなりに大変な作業であるが、編曲はそれ以上に大変な作業である。原曲のイメージをキープしながらも、そこに己の個性をブチ込まないといけないからだ。

編曲は、実際にやってみるとわかるが、感覚というか感性ではできない。頭を使わないとできない。ここでいう「頭」とは「音楽理論の知識」のことである。音楽理論の知識がなければ手も足も出ないのが編曲の世界である。編曲をするようになってから、「なぜいい曲はいい曲なんだろう」という問いだけでなく「なぜいい編曲はいい編曲なんだろう」という問いもセットで考えるようになった。そして、音楽理論を学べば学ぶほど、感覚でしか感じられない音楽が、そしてそのほとんどが、理屈で説明できることを知るようになった。

曲をつくるなりアレンジするには、どんなコードで終わるのかが何よりも重要である。そのようなこともあり、終わりのコードから逆算しながらコード進行を考えていくことになる。そして、そのときに必要になってくるのが、英語の5文型のアナロジーで紹介したトニックとドミナントとサブドミナントといったコードの機能に関する知識である。

どんなメロディをつけたらいいかで、今度は、スケールやダイアトニックコードといった音楽理論の基礎ともいえるものにブチ当たる。さらに、コード進行をより複雑にすべくコードを追加するとなると、さらに、ダイアトニックコードの知識の他にセカンダリードミナントコードの知識も必要になってくる。そして、各コードの中でオシャレなメロディをつけるとなると、音楽理論の最難関ともいえるモードというものが絡んでくる。

曲づくりや既存の曲のアレンジをしていくなかで、「なぜいい曲はいい曲なんだろう」や「なぜいい編曲はいい編曲なんだろう」といった長年の疑問に対して自分なりの答えを見つけることができるようになった。でも、それ以外に、いやそれ以上に、大きな発見をすることができた。それが、「あれ、なんか音楽理論と文法理論って似ているな……」というものである。

ヒトにしかないものって何だろうか。私はことばを操る能力と音楽を愛でる能力だと思っている。もしそうであるならば、ことばの背後にあるからくりと音楽の背後にあるからくりが似ていてもおかしくはない。「からくり」は「理論」と言い換えてもかまわない。

いろんな本で私は、数学と理論言語学（というか数のシステムと言語のシステム）の相関性について触れてきた。他の拙著でも触れているように、ピタゴラス音律をはじめ、数学と音楽の間にはアヤシイ関係がある。そうであれば、間接的にであれ、もしかしたら直接的にであれ、音楽理論と文法理論の間に類似点があっても何ら不思議なことではない。

音楽理論と文法理論の間には、このように、論理的に考えても、そしてヒトの特性を考えても、必ずや似ているところがあるはずだ。そのような妄想というか期待というか作業仮説というか淡い想いを胸に抱きながら20年ほどアレコレ考えてきたのが私であり、その思索の一片を形にしたのが本書である。思索ともよべるものとはいえないし、一片どころか断片にすぎないのは自分でも重々わかっているが。

ことばにそれなりに関心があり、法則や規則の美しさに感心し、数学ヲタでありながら根っからの音楽ヲタでもある私がなんとか辿り着いた境地が本書である。ある意味、本書は私の人生の集大成ともいえる。たいしたものを成してはいないが……

さて、本書を執筆するにあたり、開拓社の川田賢氏にいろいろとお世話になった。本書を何とか書き上げることができたのも、ひとえに川田氏のおかげである。私が書きたいように、そして私のやり方（というか生き方）を貫き通すことを許して下さった川田氏には心から感謝する次第である。川田氏には頭が上がらない。

職場の大学院生である吉田瑛希氏にも心から感謝したい。吉田氏には修論執筆で忙しいなか原稿を読んでいただき、原稿の不備を指摘してもらった。同氏に心から感謝する次第である。また、学部生の岡本秘露美さんにも感謝したい。岡本さんには草稿を読んでもらい、わかりにくいところや誤字脱字がないかチェックしてもらった。岡本さんにも心から感謝する次第である。

最後になるが、本書をお読みになられ、音楽と言語の関係に興味をもたれた方には、ぜひ、本格的に音楽理論と文法理論の関係に探りを入れていただきたい。そして、ヒトのみがもつと思われることばを操る力と音楽を愛でる力の深淵にまで辿り着いてもらいたい。つまり、「ヒトはなぜヒトなんだろう」という私の一番知りたい問いに答えてもらいたい。私の代わりに見つけてくれる「誰か」があなたであることにちょっとだけ期待させてもらおう。

著　者

【著者紹介】

畠山 雄二（はたけやま　ゆうじ）［編集委員長］
1966年浜松生まれ。東北大学大学院情報科学研究科博士課程修了。博士（情報科学）。現在、東京農工大学 准教授。専門は理論言語学。
著書（単著）に『情報科学のための自然言語学入門：ことばで探る脳のしくみ』（丸善出版）、『ことばを科学する：理論言語学の基礎講義』（鳳書房）、『情報科学のための理論言語学入門：脳内文法のしくみを探る』（丸善出版）、『理工系のための英文記事の読み方』（東京図書）、『英語の構造と移動現象：生成理論とその科学性』（鳳書房）、『科学英語読本：例文で学ぶ読解のコツ』（丸善出版）、『言語学の専門家が教える新しい英文法：あなたの知らない英文法の世界』（ベレ出版）、『科学英語の読み方：実際の科学記事で学ぶ読解のコツ』（丸善出版）、『科学英語を読みこなす：思考力も身につく英文記事読解テクニック』（丸善出版）、『理系の人はなぜ英語の上達が早いのか』（草思社）、『ことばの分析から学ぶ科学的思考法：理論言語学の考え方』（大修館書店）、『科学英語を読みとくテクニック：実際の英文記事でトレーニングする読解・分析・意訳』（丸善出版）、『大人のためのビジネス英文法』（くろしお出版）、『英文徹底解読　スティーブ・ジョブズのスタンフォード大学卒業式講演』（ベレ出版）、『英語で学ぶ近現代史　外国人は歴代総理の談話をどう読んだのか』（開拓社）、『英文徹底解読　ボブ・ディランのノーベル文学賞受賞スピーチ』（ベレ出版）、『エマ・ワトソンの国連スピーチを英語で読む：「男らしさ」と「女らしさ」の呪縛から逃れるために』（開拓社）がある。
訳書に『うまい！と言われる科学論文の書き方：ジャーナルに受理される論文作成のコツ』（丸善出版）、『研究者のための上手なサイエンス・コミュニケーション』（東京図書）、『完璧！と言われる科学論文の書き方：筋道の通った読みやすい文章作成のコツ』（丸善出版）、『まずはココから！ 科学論文の基礎知識』（丸善出版）、『大学生のための成功する勉強法：タイムマネジメントから論文作成まで』（丸善出版）などがある。
編著書に『言語科学の百科事典』（丸善出版）、『日本語の教科書』（ベレ出版）、『理科実験で科学アタマをつくる』（ベレ出版）、『大学で教える英文法』（くろしお出版）、『くらべてわかる英文法』（くろしお出版）、『日英語の構文研究から探る理論言語学の可能性』（開拓社）、『書評から学ぶ理論言語学の最先端（上）（下）』（開拓社）、『数理言語学事典』（産業図書）、『ことばの本質に迫る理論言語学』（くろしお出版）、『ことばの仕組みから学ぶ 和文英訳のコツ』（開拓社）、『徹底比較　日本語文法と英文法』（くろしお出版）、『最新理論言語学用語事典』（朝倉書店）、『理論言語学史』（開拓社）、『シリーズネイティブ英文法　全5巻』（朝倉書店）、『英文法大事典　全11巻』（開拓社）、『正しく書いて読むための 英文法用語事典』（朝倉書店）、『英語上達40レッスン 言語学から見た4技能の伸ばし方』（朝倉書店）、『英文法が身につく教養としての英語ことわざ100選』（明日香出版社）、『正しく書いて読むための 英語前置詞事典』（朝倉書店）、『英文法用語大事典　全5巻』（開拓社）がある。
共著に『日英比較構文研究』（開拓社）、『英語版で読む 日本人の知らない日本国憲法』（KADOKAWA）、『言語学で解明する 英語の疑問』（大修館書店）がある。

音楽理論と文法理論

2024年3月9日　第1版第1刷発行

著作者　畠山雄二
発行者　武村哲司
印刷所　日之出印刷株式会社
発行所　株式会社 開拓社
〒112-0013　東京都文京区音羽1-22-16
電話　(03) 5395-7101（代表）
振替　00160-8-39587
https://www.kaitakusha.co.jp

ISBN978-4-7589-8036-4 C0080